智能汽车传感器技术

任务工单

班级______________________

姓名______________________

机械工业出版社

目　录

任务 1-1

走进智能汽车工单

<table>
<tr><td>学生姓名</td><td></td><td>班级</td><td></td><td>成绩</td><td></td></tr>
<tr><td>车辆环境传感器观察</td><td colspan="5">分组到实车上找到各车辆环境传感器，然后完成下表。每组派代表分享。
<table>
<tr><th>名称</th><th>安装位置</th><th>作用</th></tr>
<tr><td>超声波雷达</td><td></td><td></td></tr>
<tr><td>毫米波雷达</td><td></td><td></td></tr>
<tr><td>激光雷达</td><td></td><td></td></tr>
<tr><td>视觉传感器</td><td></td><td></td></tr>
</table>
</td></tr>
<tr><td rowspan="7">智能汽车阶段层次</td><td colspan="5">写出智能汽车各阶段层次的特点。</td></tr>
<tr><td colspan="5">L0 级：</td></tr>
<tr><td colspan="5">L1 级：</td></tr>
<tr><td colspan="5">L2 级：</td></tr>
<tr><td colspan="5">L3 级：</td></tr>
<tr><td colspan="5">L4 级：</td></tr>
<tr><td colspan="5">L5 级：</td></tr>
</table>

任务1-2

智能汽车传感器的应用现状分析工单

<table>
<tr><td>学生姓名</td><td></td><td>班级</td><td></td><td>成绩</td><td></td></tr>
<tr><td>各品牌环境传感器使用状况</td><td colspan="5">分组根据课本资料或在网上搜索相关资料，查询各品牌环境传感器使用状况，然后完成下表。每组派代表分享。
<table>
<tr><th>品牌</th><th>使用的传感器</th><th>自动驾驶系统</th><th>技术优势</th></tr>
<tr><td>特斯拉</td><td></td><td></td><td></td></tr>
<tr><td>谷歌</td><td></td><td></td><td></td></tr>
<tr><td>百度</td><td></td><td></td><td></td></tr>
<tr><td>宝马</td><td></td><td></td><td></td></tr>
</table></td></tr>
</table>

任务2-1

超声波雷达工作原理介绍工单

<table>
<tr><td>学生姓名</td><td></td><td>班级</td><td></td><td>成绩</td><td></td></tr>
<tr><td>找出超声波雷达安装位置</td><td colspan="5">分组到实车上找出车辆哪些地方安装了超声波雷达。每组派代表分享。
<table><tr><th>安装位置</th><th>数目</th><th>作用</th></tr><tr><td>车前</td><td></td><td></td></tr><tr><td>车尾</td><td></td><td></td></tr><tr><td>车侧</td><td></td><td></td></tr></table></td></tr>
<tr><td rowspan="3">激活超声波雷达步骤</td><td colspan="5">分组到实车上让有驾照的同学激活超声波雷达，有几种激活方法？</td></tr>
<tr><td colspan="5"></td></tr>
<tr><td colspan="5"></td></tr>
<tr><td rowspan="6">超声波雷达测试</td><td colspan="5">激活超声波雷达后，做如下测试工作：</td></tr>
<tr><td colspan="5">1. 一位同学与超声波雷达距离发生变化，测试超声波雷达对障碍物能否识别，对距离变化是否识别？</td></tr>
<tr><td colspan="5">2. 一位同学快速通过超声波雷达前，测试超声波雷达对障碍物能否识别。</td></tr>
<tr><td colspan="5">3. 测试超声波雷达对高度小于 30cm 的障碍物能否识别。</td></tr>
<tr><td colspan="5">4. 测试超声波雷达对铁栏杆等杆状障碍物能否识别。</td></tr>
<tr><td colspan="5">5. 测试超声波雷达对浓烟能否识别。</td></tr>
</table>

任务 2-2

超声波雷达的装调工单

学生姓名		班级		成绩	
超声波雷达的装调	分组查找维修手册，记录前部超声波雷达传感器的拆装步骤，然后依据步骤到实车上拆装，完成下表。				

序号	步骤内容	拆装过程中 遇到的问题

任务 2-3

超声波雷达故障诊断工单

学生姓名		班级		成绩	
确认故障现象	对客户描述的故障现象进行确认。				
查找故障原因	记录查找故障原因的步骤和相关数据。				
维修故障	记录维修故障的步骤。				
验收确认	记录验收确认的步骤。				

任务 3-1

毫米波雷达概述工单

学生姓名		班级		成绩	
观察毫米波雷达	在实车上找到毫米波雷达，观察外形及插头针脚数目。				
ACC 雷达激活步骤	分组到实车上参照说明书操作激活 ACC 雷达步骤。				
	1. 如何激活 ACC 雷达？				
	2. 如何调整巡航车速？				
	3. 如何调整与前车距离？				
	4. 如何退出巡航？				

任务3-2

毫米波雷达工作原理介绍工单

<table>
<tr><td>学生姓名</td><td></td><td>班级</td><td></td><td>成绩</td><td></td></tr>
<tr><td>毫米波雷达构造</td><td colspan="5">分组拆解毫米波雷达部件，指出各部分名称，列出里面有哪些公司的芯片？
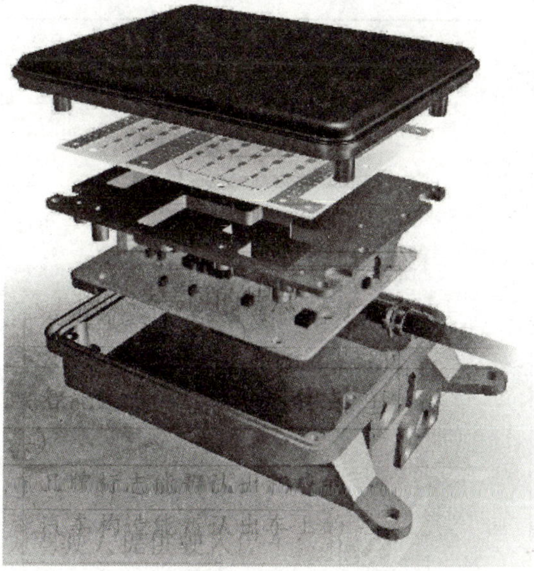</td></tr>
</table>

任务3-3

毫米波雷达的装配工单

学生姓名		班级		成绩	
毫米波雷达的装配	分组查找维修手册，记录毫米波雷达传感器的拆装步骤，然后依据步骤到实车上拆装，完成下表。				

序号	步骤内容	拆装过程中遇到的问题

任务3-4

毫米波雷达的调试工单

<table>
<tr><td>学生姓名</td><td></td><td>班级</td><td></td><td>成绩</td><td></td></tr>
<tr><td>毫米波雷达的调试</td><td colspan="5">分组查找维修手册，记录毫米波雷达的调试步骤，然后依据步骤到实车上调试，完成下表。
<table><tr><th>序号</th><th>步骤内容</th><th>调试过程中遇到的问题</th></tr><tr><td></td><td></td><td></td></tr><tr><td></td><td></td><td></td></tr><tr><td></td><td></td><td></td></tr><tr><td></td><td></td><td></td></tr><tr><td></td><td></td><td></td></tr><tr><td></td><td></td><td></td></tr><tr><td></td><td></td><td></td></tr><tr><td></td><td></td><td></td></tr><tr><td></td><td></td><td></td></tr><tr><td></td><td></td><td></td></tr></table></td></tr>
</table>

任务 3-5

毫米波雷达故障诊断工单

学生姓名		班级		成绩	
确认故障现象	对客户描述的故障现象进行确认。				
查找故障原因	记录查找故障原因的步骤和相关数据。				
维修故障	记录维修故障的步骤。				
验收确认	记录验收确认的步骤。				

任务 4-1

激光雷达工作原理介绍工单

学生姓名		班级		成绩	
激光雷达特点	查找资料，写出机械激光雷达和固态激光雷达的工作原理和优缺点。				

名称	工作原理	优缺点
机械激光雷达		
固态激光雷达		

任务 4-2

激光雷达的装调工单

<table>
<tr><td>学生姓名</td><td></td><td>班级</td><td></td><td>成绩</td><td></td></tr>
<tr><td>激光雷达的装调</td><td colspan="5">分组查找维修手册，记录激光雷达的装调步骤，然后依据步骤到实车上装调，完成下表。

序号	步骤内容	装调过程中遇到的问题

</td></tr>
</table>

任务 5-1

视觉传感器工作原理介绍工单

<table>
<tr><td>学生姓名</td><td></td><td>班级</td><td></td><td>成绩</td><td></td></tr>
<tr><td>视觉传感器特点</td><td colspan="5">查找资料，写出 CCD 传感器和 CMOS 传感器的工作原理和优缺点。
<table><tr><th>名称</th><th>工作原理</th><th>优缺点</th></tr><tr><td>CCD 传感器</td><td></td><td></td></tr><tr><td>CMOS 传感器</td><td></td><td></td></tr></table></td></tr>
</table>

任务 5-2

视觉传感器的装调工单

<table>
<tr><td>学生姓名</td><td></td><td>班级</td><td></td><td>成绩</td><td></td></tr>
<tr><td>视觉传感器的装调</td><td colspan="5">分组查找维修手册，记录视觉传感器的装调步骤，然后依据步骤到实车上装配调试，完成下表。
<table><tr><th>序号</th><th>步骤内容</th><th>实操过程中遇到的问题</th></tr><tr><td></td><td></td><td></td></tr><tr><td></td><td></td><td></td></tr><tr><td></td><td></td><td></td></tr><tr><td></td><td></td><td></td></tr><tr><td></td><td></td><td></td></tr><tr><td></td><td></td><td></td></tr><tr><td></td><td></td><td></td></tr><tr><td></td><td></td><td></td></tr><tr><td></td><td></td><td></td></tr><tr><td></td><td></td><td></td></tr></table></td></tr>
</table>

任务 5-3

视觉传感器故障诊断工单

学生姓名		班级		成绩	
确认故障现象	对客户描述的故障现象进行确认。				
查找故障原因	记录查找故障原因的步骤和相关数据。				
维修故障	记录维修故障的步骤。				
验收确认	记录验收确认的步骤。				

任务 6-1

温度和压力传感器的检测工单

学生姓名		班级		成绩	

温度传感器检测

一车辆报冷却液温度传感器故障，现要求检测冷却液温度传感器及其电路是否正常，请先查找电路图，然后小组讨论检测方案，将方案写在白板上，每组派代表分享。将最终检测方案填在下表中。

项目	检测步骤	测量数据
电路检测		
传感器检测		

压力传感器检测

一车辆报空调压力传感器故障，现要求检测压力传感器及其电路是否正常，请先查找电路图，然后小组讨论检测方案，将方案写在白板上，每组派代表分享。将最终检测方案填在下表中。

项目	检测步骤	测量数据
传感器 检测		

任务6-2

位置传感器的拆装与检测工单

<table>
<tr><td>学生姓名</td><td></td><td>班级</td><td></td><td>成绩</td><td></td></tr>
<tr><td>轮速传感器拆装</td><td colspan="5">分组查找维修手册，然后小组讨论拆装步骤，将步骤写在白板上，每组派代表分享。将最终拆装步骤填在下表中。
<table><tr><th>项目</th><th>拆装步骤</th><th>注意事项</th></tr><tr><td>轮胎拆卸</td><td></td><td></td></tr><tr><td>传感器拆装</td><td></td><td></td></tr></table></td></tr>
<tr><td>轮速传感器检测</td><td colspan="5">一车辆报轮速传感器故障，现要求检测轮速传感器及其电路是否正常，请先查找电路图，然后小组讨论检测方案，将方案写在白板上，每组派代表分享。将最终检测方案填在下表中。
<table><tr><th>项目</th><th>拆装步骤</th><th>测量数据</th></tr><tr><td>电路检测</td><td></td><td></td></tr><tr><td>传感器检测</td><td></td><td></td></tr></table></td></tr>
</table>

任务 6-3

旋变传感器的拆装与检测工单

<table>
<tr><td>学生姓名</td><td></td><td>班级</td><td></td><td>成绩</td><td></td></tr>
<tr><td>旋变传感器拆装</td><td colspan="5">分组查找维修手册，然后小组讨论拆装步骤，将步骤写在白板上，每组派代表分享。将最终拆装步骤填在下表中。
<table>
<tr><th>项目</th><th>拆装步骤</th><th>注意事项</th></tr>
<tr><td>底板拆卸</td><td></td><td></td></tr>
<tr><td>传感器拆装</td><td></td><td></td></tr>
</table>
</td></tr>
<tr><td>旋变传感器检测</td><td colspan="5">一车辆报旋变传感器（电机位置传感器）故障，现要求检测旋变传感器及其电路是否正常，请先查找电路图，然后小组讨论检测方案，将方案写在白板上，每组派代表分享。将最终检测方案填在下表中。
<table>
<tr><th>项目</th><th>检测步骤</th><th>测量数据</th></tr>
<tr><td>电路检测</td><td></td><td></td></tr>
<tr><td>传感器检测</td><td></td><td></td></tr>
</table>
</td></tr>
</table>

任务 6-4

气体传感器的检测工单

<table>
<tr><td>学生姓名</td><td></td><td>班级</td><td></td><td>成绩</td><td></td></tr>
<tr><td>氧传感器检测</td><td colspan="5">一车辆报氧传感器故障，现要求检测传感器及其电路是否正常，请先查找电路图，然后小组讨论检测方案，将方案写在白板上，每组派代表分享。将最终检测方案填在下表中。
<table>
<tr><th>项目</th><th>检测步骤</th><th>测量数据</th></tr>
<tr><td>电路检测</td><td></td><td></td></tr>
<tr><td>传感器检测</td><td></td><td></td></tr>
</table></td></tr>
<tr><td>空燃比传感器检测</td><td colspan="5">一车辆报空燃比传感器故障，现要求检测传感器及其电路是否正常，请先查找电路图，然后小组讨论检测方案，将方案写在白板上，每组派代表分享。将最终检测方案填在下表中。
<table>
<tr><th>项目</th><th>检测步骤</th><th>测量数据</th></tr>
<tr><td>电路检测</td><td></td><td></td></tr>
<tr><td>传感器检测</td><td></td><td></td></tr>
</table></td></tr>
</table>

任务评价

每次任务结束后以小组互评或组长评分等形式，在表格空白处评分。

任务评价											
基本信息		专业能力				匠心修养					成绩
序号	第　组 姓名：	微课视频学习	课前测试	课堂理论知识	课堂任务	课堂纪律	活动参与度	考勤	安全操作	职业道德	专业能力+匠心修养成绩
	任务	满分 15	满分 15	满分 15	满分 15	满分 10	满分 5	满分 10	满分 5	满分 10	满分 100
1	任务 1-1										
2	任务 1-2										
3	任务 2-1										
4	任务 2-2										
5	任务 2-3										
6	任务 3-1										
7	任务 3-2										
8	任务 3-3										
9	任务 3-4										
10	任务 3-5										
11	任务 4-1										
12	任务 4-2										
13	任务 5-1										
14	任务 5-2										
15	任务 5-3										
16	任务 6-1										
17	任务 6-2										
18	任务 6-3										
19	任务 6-4										

填表说明：

1. 微课视频的学习，可以根据线上平台的学习痕迹完成情况按照满分 15 分的比例打分。
2. 课堂理论知识建议按照“知识检测”来折算。
3. 课堂任务按工单成绩来折算。
4. 安全操作项目是评价是否有涉及人员或设备安全的操作和环保措施执行情况。
5. 职业道德包括现场 6S 整理、责任心、学习态度等。

前　言

汽车智能化是发展趋势，2020 年，我国智能网联汽车产业规模达到 2556 亿元。据权威机构预测，到 2035 年，我国将拥有超过 570 万辆自动驾驶汽车，占全球总量的 27%，成为最大的自动驾驶汽车市场。未来智能汽车行业人才需求的缺口巨大，尤其是制造和售后相关人才紧缺，所以目前很多职业院校开设了智能网联汽车技术专业。但由于是新兴产业，公开的行业资源少，专业教学资源也很缺乏，甚至连专门针对职业教育的教材都很少，这就给智能网联汽车技术专业的教学带来难度。因此，出版相关教材，建设教学资源是智能网联汽车技术专业亟待解决的问题。

本书深刻理解国家对产业结构优化升级、科技创新、全方位人才培养的重要举措，将党的二十大精神中的“加快建设教育强国、科技强国、人才强国，坚持为党育人、为国育才”的战略思想融入其中，结合企业岗位实际，使教材更符合职业教育教学需求。

职业院校本专业的人才培养岗位定位主要是在制造和售后，而汽车制造和售后岗位的核心技能点之一就是传感器的装配、调试和故障诊断。

本书体例及具体栏目设计如下：

◆ 学习导入：通过引入实际案例或生活场景，以提问的形式引起学生的思考和兴趣。

◆ 相关知识：本次任务所涉及的理论和实操知识。

◆ 知识检测：用来检验本次任务学习效果的练习题。

◆ 任务工单：配合学生上课分组活动的工单。

本书有配套资源库，可进行线上线下混合式学习，充分利用教学资源库和网络课程平台的教学资源，开展“课前导预习、课上导学习、课后导拓展”的教学活动。

本书由李荣、刘助春担任主编，陈标、吴小妮担任副主编，参加编写的还有余谦、唐伦、张峰玉。

本书在编写过程中参考了国内外相关专家学者的研究成果，并引用了有关资料，谨此说明，并向有关专家学者致以诚挚的谢意！

由于编者水平有限，书中难免出现纰漏，恳请广大读者批评指正。

编　者

二维码清单

名称	图形
任务 1.1　自动驾驶汽车的层级	
任务 2.1　超声波雷达组成与分类	
任务 3.1　毫米波雷达工作原理	
任务 3.2　毫米波雷达的功能检查	
任务 3.3　毫米波雷达的安装	
任务 4.1　激光雷达的测距原理	
任务 4.2　激光雷达的安装	
任务 4.3　激光雷达的调试	
任务 5.1　视觉传感器的功能检测	
任务 5.2　视觉传感器的调试	
任务 6.1　压力传感器的检测	

目 录

项目 1

智能汽车传感器概述

智能车辆就是在普通车辆的基础上增加了先进的传感器（雷达、摄像）、控制器、执行器等装置，通过车载传感系统和信息终端实现与人、车、路等的智能信息交换，使车辆具备智能的环境感知能力，能够自动分析车辆行驶的安全及危险状态，并使车辆按照人的意愿到达目的地，最终实现替代人来操作车辆的目的。其中先进传感技术包括摄像头图像识别系统、红外摄像技术以及利用雷达（激光、厘米波、毫米波、超声波）检测前行车辆。作为汽车最前沿技术，首先要了解什么是智能汽车，以及世界智能汽车的发展现状，对智能汽车及其相关产业有一个整体的认识。

【学习目标】

知识目标（应知）

1. 掌握智能汽车的组成及特点。
2. 理解智能汽车发展阶段层次。
3. 了解智能汽车发展现状。
4. 了解世界主要智能汽车品牌的技术特点。

技能目标（应会）

1. 通过智能汽车品牌标志能辨认出相应的品牌。
2. 通过学习智能汽车构造能辨认出车上的主要传感器。

任务1　走进智能汽车

【学习导入】

汽车智能化是汽车领域的重要发展方向，在此背景下，国家也多次出台配套政策及标准推动行业发展。2021 年 2 月，《国家综合立体交通网规划纲要》指出将加强智能化载运工具和关键专用装备研发，推进智能网联汽车（智能汽车、自动驾驶、车路协同）、智能化通用航空器应用。中国汽车工业协会预测，中国将在 2020—2025 年间实现低速驾驶和停车场景下的自动驾驶；2025—2030 年间实现更多复杂场景下的自动驾驶。2035 年中国智能汽车产业规模将超过 2000 亿美元，由此，中国将成为世界第一大智能汽车市场。

智能汽车功能显示示意图如图 1-1 所示。

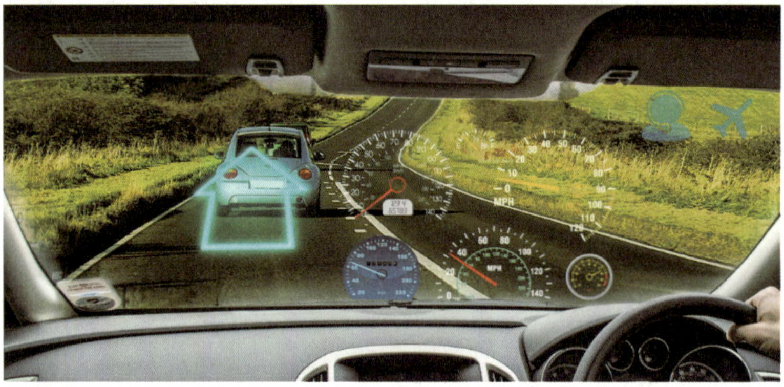

图 1-1　智能汽车功能显示示意图

那么到底什么是智能汽车？智能汽车产业的发展现状是怎样的？本任务内容将解答这些问题。

【相关知识】

智能汽车是一个集环境感知、规划决策、多等级辅助驾驶等功能于一体的综合系统，它集中运用了计算机、现代传感器、信息融合、通信、人工智能及自动控制等技术，是典型的高新技术综合体。智能汽车是在普通车辆的基础上增加了先进的传感器（雷达、摄像）、控制器、执行器等装置，通过车载传感系统和信息终端实现与人、车、路等的智能信息交换，使车辆具备智能的环境感知能力，能够自动分析车辆行驶的安全及危险状态，并使车辆按照人的意愿到达目的地，最终实现替代人来操作。智能汽车功能结构如图 1-2 所示。

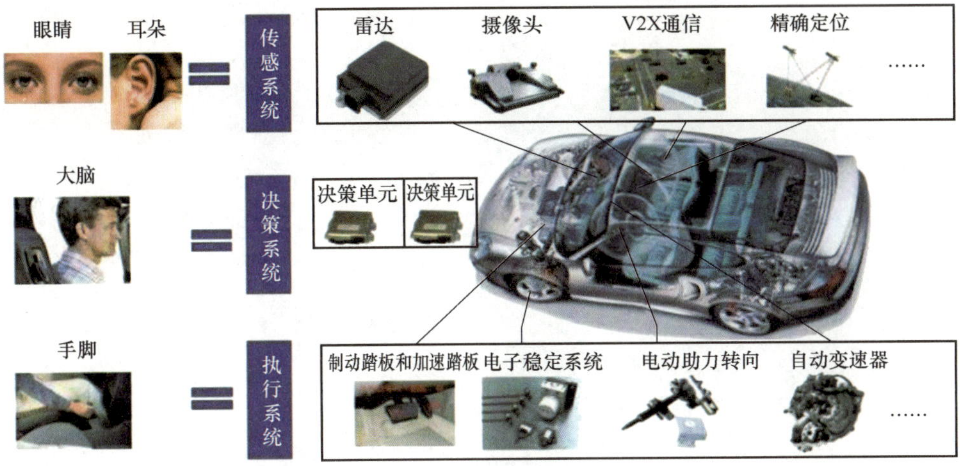

图1-2 智能汽车功能结构

智能汽车与通常所说的自动驾驶有所不同，它指的是利用多种传感器和智能公路技术实现的汽车自动驾驶。智能汽车首先有一套导航信息资料库，存有全国高速公路、普通公路、城市道路以及各种服务设施（餐饮、旅馆、加油站、景点、停车场）的信息资料；其次是定位导航系统，利用这个系统精确定位车辆所在的位置，与道路资料库中的数据相比较，确定以后的行驶方向；道路状况信息系统，由交通管理中心提供实时的前方道路状况信息，如堵车、事故等，必要时及时改变行驶路线；车辆防碰撞系统，包括探测雷达、信息处理系统、驾驶控制系统，可控制与其他车辆的距离，在探测到障碍物时及时减速或制动，并把信息传给指挥中心和其他车辆；紧急报警系统，出现事故时，可自动报告指挥中心进行救援；无线通信系统，用于汽车与指挥中心的联络；自动驾驶系统，用于控制汽车的点火、改变速度和转向等。

通常对车辆的操作实质上可视为对一个多输入、多输出、输入输出关系复杂多变、不确定、多干扰源的复杂非线性系统的控制过程。驾驶人既要接受环境（如道路、拥挤、方向、行人等）的信息，还要感受汽车（如车速、侧向偏移、横摆角速度等）的信息，然后经过判断、分析和决策，并与自己的驾驶经验相比较，确定出应该做的操纵动作，最后由身体、手、脚等来完成操纵车辆的动作。因此，在整个驾驶过程中，驾驶人的人为因素占了很大的比重。一旦出现驾驶人疲劳驾车、判断失误的情况，很容易造成交通事故。

通过对车辆智能化技术的研究和开发，可以提高对车辆的控制与驾驶水平，保障车辆行驶的安全性、高效性。对智能化车辆控制系统的不断研究完善，相当于延伸扩展了驾驶人的控制、视觉和感官功能，能极大地促进道路交通的安全性。智能汽车的主要特点是以技术弥补人为因素的缺陷，使得即便在很复杂的道路情况下，也能自动地操纵和驾驶车辆绕开障碍物，沿着预定的道路轨迹行驶。

一、智能汽车的基本结构

从具体和现实的方面来看，智能汽车较为成熟的和可预期的功能和系统主要包括智能驾驶系统、生活服务系统、安全防护系统、位置服务系统及用车服务系统等，相关企业也主要是围绕上述这些功能系统进行研发的。智能汽车的基本结构组成见表 1-1。

表 1-1 智能汽车的基本结构组成

智能驾驶系统	智能传感系统
	辅助驾驶系统
	智能计算系统
	智能公交系统
生活服务系统	影音娱乐
	信息查询
	服务订阅
安全防护系统	车辆防盗
	车辆追踪
位置服务系统	位置提示
	多车互动
用车服务系统	维护提醒
	异常预警
	远程指导

二、智能汽车的特点

智能汽车有了这些系统的共同作用，相当于给汽车装上了“眼睛”“大脑”和“手脚”功能相对应的电视摄像机、电子计算机和自动操纵系统装置。

1. 自动驾驶

根据 GB/T 40429—2021《汽车驾驶自动化分级》，自动驾驶被分为“0～5”6 个等级，其中 L5 级就是自动驾驶的终极目标——完全自动驾驶，即车辆控制完全由人工智能接管。当然，要实现 L5 级别的完全自动驾驶还需经过长时间的科技积累，目前对量产车自动驾驶的应用已到了 L3 级别——有条件自动驾驶。拥有 L3 级别的自动驾驶的智能汽车，可以在高速、城市路况良好的地方启用自动驾驶，由人工智能来控制车辆，当然，驾驶人还是需要保持注意力，遇到特殊情况时，接管车辆控制。

2. 智能化的驾乘体验

智能汽车拥有区别于传统汽车的智能化的驾乘体验，需要具有以下功能：

（1）智能召唤　一键召唤，汽车会自动开到驾驶人身边，再也不会出现在地下停车场找不到车的窘境。

（2）智能泊车　驾驶人下车后，汽车自动完成倒车入库和侧方停车的操作。

（3）智能前照灯　可以自动追踪锁定行人的移动，在不减弱亮度的情况下避让行人的头部，只照射在肩膀以下，使行人不眩目。甚至前照灯可以投射出斑马线，为前方行人提供安全的道路通过条件。

（4）智能车门　无门把手的设计能减少车身阻力，人脸识别解锁能带来前所未有的进出车门体验。门的开阖等操作全部都可以交由人工智能完成。

用简单的一句话总结，智能汽车就是要彻底改变人们所认知的驾乘习惯。

3. 安全

智能汽车的安全性绝对不容忽视。近几年，特斯拉、Uber 等品牌的自动驾驶汽车均发生过事故，这让智能汽车的安全性越来越受到人们的关注。目前业内的做法是在硬件上加冗余设计，通过重复配置某些关键设备或部件，来保障系统的正常运行，如感知冗余、通信冗余、制动冗余、电源冗余、转向冗余等，都会让自动驾驶的运行更加安全和可靠。

此外，信息安全同样非常重要，因为智能汽车很多时候需要和大数据进行交互访问，所以在信息安全方面的多层防护体系也是必要的。

4. 高级交互

提到语音交互，首先想到的可能是苹果的 Siri、微软的小冰、小米的小爱同学以及一些汽车里的语音助手，如图 1-3 所示。

图 1-3 汽车里的语音助手

但目前这种语音交互比较被动，通常都是用户发出命令，人工智能进行冷冰冰的机械回复。智能汽车上的语音交互，必须更进一步，要成为一个主动式的、情感型的人工智能伙伴。目前已经有车企在探索这一领域，如华人运通与微软合作，将在高合汽车的首款量产车上搭载 HiPhiGo——一个主动式的人工智能伙伴。

HiPhiGo 的声音将富有情感，与人类真实声音相差无几，此外，它还可以通过摄像头来检测主人的情绪，做到“为你放首歌”“帮你打开窗”“为你调温度”等操作。智能汽车上的高级交互令人非常期待。

5. 智能座舱

智能汽车时代，驾驶室不再是驾驶室，而应该升级为智能座舱，这可不简单是一个名字的改变！

座舱要有未来感，设计理念包括但不限于超大空间、影音大屏、自动调节的座椅，以及按摩、加热、通风等功能。拥有一辆智能汽车，使驾驶不再是一种负担，而是一个全程享受的过程，如图 1-4 所示。

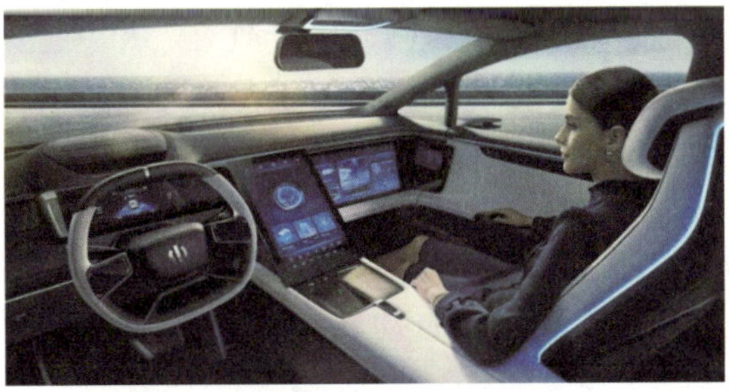

图 1-4 智能座舱

6. 智慧路面

自动驾驶汽车出事故，根本原因是人工智能的识别能力不够。在 2016 年的一起事故中，人工智能将白色的货车识别成了天空，导致悲剧发生。让智能汽车的 AI 达到人类的识别能力难度很高，但如果是机器与机器交流，这样就容易多了。

基于这种思路，智慧路面的概念被提出来，假如给车、路、标识牌都加上传感器，那么智能汽车就可以通过“交流”认知外界环境，而非单纯的识别，从而达到车路协同的境界。

三、智能汽车的发展现状

1. IT 巨头与汽车企业采用完全不同的技术路线

宝马汽车曾表示："我们比 IT 企业更了解汽车的参数，更能确保汽车行驶中的安全。你可以允许苹果手机死机，但决不能允许宝马车在半路'死机'。"这或许反映了 IT 企业与汽车企业的不同思路，前者凭借强大的后台数据、网络技术、智能软件的支持，能够很好地实现汽车与云端的互联；而汽车企业则更多地考虑到车辆的实用性和安全性，他们"固守"汽车本身的优势。

2012 年 8 月，谷歌宣布其研发的无人驾驶汽车已经在计算机的控制下安全行驶了 30 万 mile（约 48.3 万 km）。谷歌无人驾驶汽车依靠激光测距仪、视频摄像头、车载雷达、传感器等进行环境感知和识别，确保行驶路径遵循谷歌街景地图预先设定的路线。其装置价格昂贵，难以大规模推广应用，其本质符合军用智能车的技术特点。

与 IT 企业不同，沃尔沃、奥迪、奔驰、宝马、丰田、日产、福特等汽车企业均选择了更具实用性的民用智能车技术路线。在技术装置方面主要采用常规的雷达（厘米波、毫米波、超声波）、摄像机（立体、彩色、红外）等进行环境感知和识别，通过基于车联网的协同式辅助驾驶技术进行智能信息交互，结合 GPS 导航实现路径规划，并且更加注重机电一体化系统动力学及控制技术的研发，成本低廉，便于大规模推广应用。

2. 世界汽车巨头正致力于"高度自动驾驶技术"的研发和产业化

智能汽车的"辅助驾驶技术"和"半自动驾驶技术"已经得到广泛应用，并成为提升产品档次和市场竞争力的重要手段。智能汽车的辅助驾驶技术包括自主式辅助驾驶技术和协同式辅助驾驶技术两种，通过警告的形式让驾驶人防患于未然。其中，包括前碰撞预警（FCW）、车道偏离预警（LDW）、车道保持系统（LKS）、自动泊车辅助（APA）等在内的自主式辅助驾驶技术已经得到广泛应用，处于普及推广阶段，并由豪华车下沉至 B 级车。汽车辅助驾驶技术成为获取 E-NCAP 四星和五星的必要条件。在美国、欧洲、日本等汽车产业发达的国家和地区，基于车联网 V2I/V2V 技术的协调式辅助驾驶技术正在进行实用性技术开发和大规模试验场测试。半自动驾驶技术在高端车上逐渐获得应用，例如已经获得广泛应用的自适应巡航控制系统（ACC）。

世界汽车巨头们正致力于"高度自动驾驶技术"的实用化研发和产业化，即将实现量产上市。沃尔沃汽车公司将率先量产全球第一个自动驾驶技术——堵车辅助系统。该系统是自适应巡航控制和车道保持辅助系统的集成与延伸，它可以使汽车在车流行驶速度低于 50km/h 的情况下，自动跟随前方车辆行进。此外，奥迪、凯迪拉克、日产、丰田等汽车企业都计划推出诸如自动转向、加减速、车道引导、自动停车、自适应巡航控制等技术的汽车。

3. "全工况无人驾驶"前路漫漫

由于车联网 V2X 技术涵盖汽车、IT、交通、通信等多个行业，相关技术标准法规仍不健全，协调式辅助驾驶技术目前尚未得到大规模推广应用。谷歌无人驾驶汽车还离不开人的操控，只能按预定程序行进，在雾雪天气还会受到干扰，并且在加速、减速及转向时衔接不太好。总之，全工况的无人驾驶技术仍处于研发阶段，最终的实用性测试和验证还需要很长时间。

随着V2X技术最终实用性测试和无人驾驶实用化技术开发的进行，需要进一步建立和完善车联网V2X技术标准法规、无人驾驶技术标准法规，并据此逐步建设相应的通信、道路基础设施，构建起完整的智能化的人、车、路系统，为协调式辅助驾驶技术和无人驾驶技术的大规模推广应用奠定基础。

无人驾驶汽车要真正上路，还将面临法律和道德方面的困难。一方面，无人驾驶汽车与有人驾驶汽车发生交通事故时，其责任归属以及保险赔付等问题有待商议解决；另一方面，无人驾驶技术永远是将保护车辆和车内人员作为第一要务，这会涉及交通道德问题。

4. 智能汽车将对交通运输业产生深远而革命性的影响

智能汽车将大幅减少交通安全事故。汽车交通事故在很大程度上取决于人为因素，无人驾驶汽车由行车计算机精确控制，可以有效减少酒驾、疲劳驾驶、超速等人为不遵守交通规则导致的交通事故。

智能汽车将提高车辆利用率，降低汽车总销量，减轻汽车对环境的污染。根据谷歌无人驾驶汽车团队的统计，传统汽车在大部分时间内（96%）处于空闲状态，利用率较低。无人驾驶汽车可以按照时间顺序依次供需要的人使用，因此可以更好地统筹安排家庭内车辆使用，提高车辆的使用效率，减少车辆消费总量，有效减少碳排放。另一方面，智能汽车可以根据实时路况自动选择到达目的地的最优路径，能源消耗更少。

智能汽车将改变当前汽车交通基础设施状况，影响交通运输相关产业的发展。智能汽车的运行需要配套的交通基础设施，当前的基础设施建设情况将不再适用。例如，由于无人驾驶汽车靠传感器感知路面障碍或者通过网络与道路设施通信，因此需要在交叉路口、路侧、弯道等布置引导电缆、磁气标志列、雷达反射性标识、传感器、通信设施等。队列行驶也是智能汽车的另一种形式，即有人驾驶领头车辆，后面跟随着无人驾驶车辆编队，这一技术将提高汽车运输的自动化程度。

四、智能汽车的分级

根据GB/T 40429—2021《汽车驾驶自动化分级》，自动驾驶被分为“0～5”6个等级，分别如下。

1. L0级（应急辅助）

指自动驾驶系统不能持续执行行车中的车辆转向或加减速，但具备持续执行行车中的部分目标和事件探测与响应的能力。L0级仅能提供警告和瞬间辅助，如主动制动、盲点监测、车道偏离预警、车身稳定控制等，这些都属于L0级自动驾驶。

2. L1级（部分驾驶辅助）

指自动驾驶系统在特定条件下能持续地执行行车中的转向或加减速，且具备与所执行的车辆转向或加减速控制相适应的部分目标和事件探测与响应的能力。车辆具备主动巡航或车道保持辅助，无法同时做到控制车辆的转向和加减速。

3. L2级（组合驾驶辅助）

它是在L1级的基础上做到了自动驾驶系统可以控制车辆转向和加减速，同时具备主动巡航和车道保持辅助。

4. L3级（有条件自动驾驶）

指自动驾驶系统在其设计运行条件下持续地执行全部动态驾驶任务。拥有L3级别的自动驾驶的智能汽车，车辆可以在特定的驾驶环境中独立完成所有驾驶操作，自动驾驶系统可以自动检测环境的变化，以确定是否返回驾驶人的手动操作模式。当人工智能不能准确判断时，仍需人工操作。

5. L4 级（高度自动驾驶）

指自动驾驶系统在其设计运行条件下持续地执行全部动态驾驶任务并自动执行最小风险策略。在 L4 级别，自动驾驶系统可以完全接管所有驾驶操作，驾驶人不必注意驾驶操作，甚至可以做其他非驾驶活动，如看手机或休息。然而，尽管 L4 级别已经达到了高度自动化的标准，但它仍然受到场景的限制，不能完全适应所有场景。

6. L5 级（完全自动驾驶）

L5 级自动驾驶在定义上与 L4 级相似，所有驾驶操作均由自动驾驶系统独立执行。但两者的区别在于，L4 级仅适用于某些场景，通常是在非常简单和标准化的道路上。L5 级别要求自动驾驶系统在任何情况下都能完全驾驶。

五、智能汽车的产业体系

通过车载传感系统，智能汽车本身具备主动的环境感知能力，此外，它也是智能交通系统（ITS）的核心组成部分，是车联网体系的一个结点，通过车载信息终端实现与人、车、路、互联网等之间的无线通信和信息交换。因此，智能汽车集中运用了计算机、现代传感、信息融合、模式识别、通信及自动控制等技术，它是一个集环境感知、规划决策、多等级驾驶辅助等于一体的高新技术综合体，拥有相互依存的价值链、技术链和产业链。

1. 智能汽车的价值链

如果说车联网在汽车安全、节能、环保方面的价值是间接、基础性的，那么智能汽车在提高行车安全、减轻驾驶人负担方面的核心价值则是直接和显而易见的，并有助于节能和环保。研究表明，在智能汽车的初级阶段，通过先进智能驾驶辅助技术有助于减少 50% ~ 80% 的道路交通安全事故。在智能汽车的终极阶段，即无人驾驶阶段，甚至可以完全避免交通事故，把人从驾驶过程中解放出来，这也是智能汽车最吸引人的价值魅力所在。

2. 智能汽车的技术链

智能汽车技术系统一般由传感器、控制器、执行器三大关键技术组成，主要包括：

1）先进传感技术。包括利用机器视觉技术（如激光测距系统、红外摄像技术）；以及雷达检测技术，如利用激光雷达、厘米波雷达、毫米波雷达、超声波雷达来检测前行车辆。

2）通信技术（GPS、DSRC、5G）。包括数台智能汽车之间协调行驶的技术、车路协调通信技术以及相应的车联网通信技术。

3）横向控制。包括利用引导电缆、磁气标志列、机器视觉技术、具有雷达反射性标识带的横向控制。

4）纵向控制。包括利用激光雷达、毫米波雷达、机器视觉技术测车间距离的纵向控制，以及利用车间通信及车间距离雷达的车队列行驶纵向控制。

3. 智能汽车的产业链

车联网、智能交通系统（ITS）为智能汽车提供了智能化的基础设施、道路及网络环境，随着汽车智能化层次的提高，反过来也要求车联网、智能交通系统同步发展。

智能汽车的产业链可以描述如图 1-5 所示。

1）车联网的产业链：包括上游的元器件和芯片生产企业，中游的汽车厂商、设备厂商和软件平台开发商，以及下游的系统集成商、通信服务商、平台运营商和内容提供商等，如图1-5所示。

2）先进传感器厂商：开发和供应先进的机器视觉技术，包括激光测距系统、红外摄像以及雷达（厘米波、毫米波、超声波）等。

3）汽车电子供应商：能够提供智能驾驶技术研发和集成供应的汽车电子供应商，如博世、德尔福、电装等。

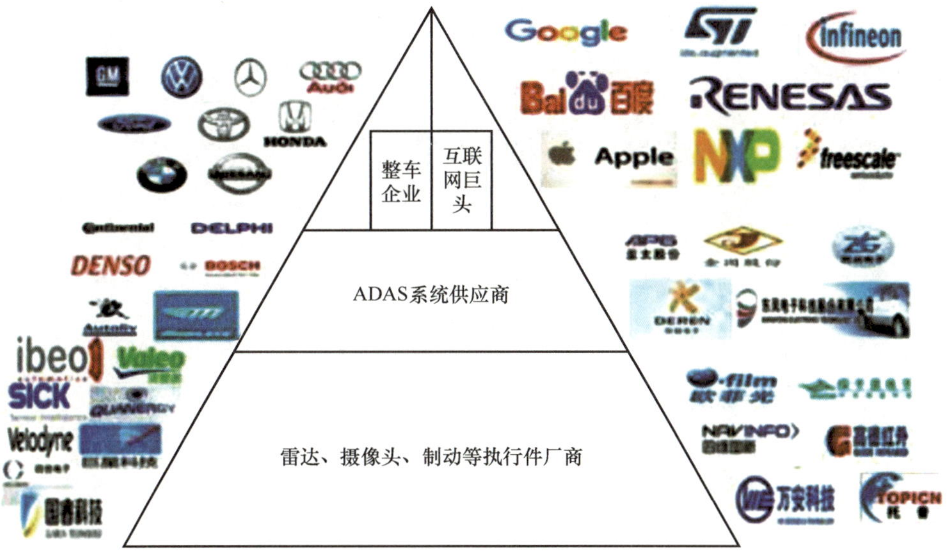

图1-5　智能汽车的产业链

【大国风采】

让机器具备像人类一样的智慧，是人类的美好梦想。为了让中国在人工智能这场“抓住了就是机遇，抓不住就是挑战”的变革中不落后于人，他把岁月献给人工智能的科学研究，伴随着中国的人工智能行业从起步到跻身世界前列。他就是中国工程院院士、著名人工智能学家李德毅。78岁（2022年）的他，依然活跃在人工智能学界一线。在研究智能汽车的10年里，有突破、有成就，但大多数时间是沉闷的，他说：“科学研究是一件需要持久努力的事情，创新是一个厚积薄发的过程，要做好经常会失败，甚至成功后又出现新问题的准备。”

【知识检测】

一、填空题

智能车辆是一个集（　　　　　）、规划决策、（　　　　　　　　　　　）等功能于一体的综合系统，它集中运用了计算机、（　　　　　　　　　　　　）、信息融合、

(　　　　　　　　　)、(　　　　　　　　　　　　　　　　　　　　)及自动控制等技术。

二、选择题

1. 智能汽车包含有哪些硬件?(　　)

A. 导航信息资料　　B. GPS 定位系统

C. 道路状况信息系统　　D. 探测雷达

2. 智能汽车包含有哪些软件?(　　)

A. 紧急报警系统　　B. 无线通信系统

C. 自动驾驶系统　　D. 实时交通信息

3. 智能驾驶系统包含哪些内容?(　　)

A. 智能传感系统　　B. 辅助驾驶系统

C. 智能计算系统　　D. 智能公交系统

4. 下列哪个等级属于有条件的自动驾驶?(　　)

A. L2　　B. L3　　C. L4　　D. L5

任务2 智能汽车传感器的应用现状分析

【学习导入】

现在主流智能汽车公司有特斯拉、谷歌、百度（图1-6）等，各自的技术有什么特点？用的哪些传感器？技术瓶颈在哪？学习本任务的知识将有助于对当今智能汽车传感器的应用现状有一定的了解。

图1-6 不同品牌的智能汽车

【相关知识】

一、智能汽车传感器的作用

智能汽车要实现自动驾驶，首要条件就是要识别周边环境，汽车要感知道路上的一切，并收集安全驾驶所需的信息。当今大多数汽车制造商通常使用以下四种类型的传感器来收集车辆周边环境信息，即摄像头、超声波雷达、毫米波雷达和激光雷达。

1. 摄像头

自动驾驶汽车使用摄像头来观察和识别道路上的物体，如图1-7所示。通过在汽车各个角度配备摄像头，可以保持车辆360°的外部环境视野，并提供周围交通状况的更广阔画面。目前，3D摄像头可显示出非常清晰的图像。图像传感器自动检测物体，对其进行分类，并确定与物体的距离，可识别其他汽车、行人、骑自行车的人、交通标志和信号、道路标记、桥梁和护栏。

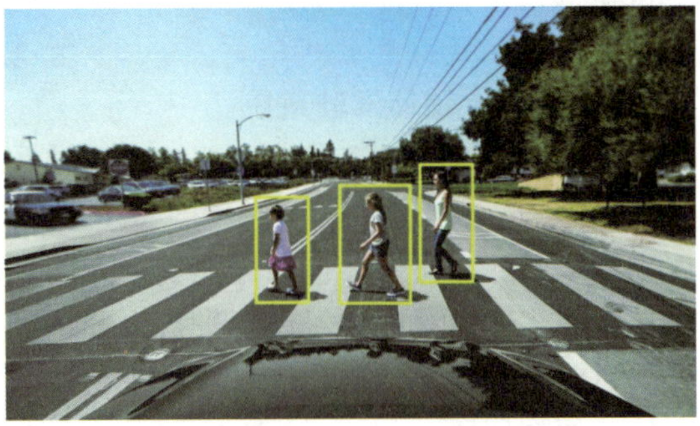

图1-7 摄像头的行人识别功能

2. 超声波雷达和毫米波雷达

两种雷达对自动驾驶的整体功能都起重要作用。检测物体时，两种雷达都会发出无线电波实时测量障碍物距离和速度。超声波雷达和毫米波雷达通常部署在汽车各处，具有不同的功能。超声波雷达应用在短距离检测中，如盲点监测、车道保持辅助和停车辅助等；毫米波雷达应用在长距离检测中，如自动距离控制和制动辅助等。与摄像头不同的是，雷达不受天气和光线影响。

3. 激光雷达

其工作原理类似于普通雷达，唯一的区别是使用激光，而不是无线电波。除了测量道路上各种物体的距离之外，激光雷达还可创建被探测物体的3D图像，并绘制其周围环境的地图。目前激光雷达价格昂贵，技术壁垒较高，没有大规模应用，但却是自动驾驶汽车制造商首选的传感器。

各传感器的特点比较见表1-2。

表1-2 各传感器的特点比较

传感器	检测距离/范围	优点	缺点
摄像头	长焦 FOV ±15° 200m 中焦 FOV ±30° 100m 短焦 FOV ±60° 50m	受天气和光线影响， 无直接的距离信息	对环境因素敏感，算法复杂
超声波雷达	数米范围	体积小、成本低	距离有限
毫米波雷达	24GHz 中短距离 30～50m 77GHz 长距离 100～150m	距离、景深信息丰富， 对障碍物识别率高	检测点稀疏，信息少
激光雷达	100m 左右	信息丰富、抗干扰能力强	成本高

二、特斯拉汽车

特斯拉（Tesla）是一家美国电动车及能源公司，产销电动车、太阳能板及储能设备。其总部位于美国加利福尼亚州硅谷，2003年由马丁·艾伯哈德和马克·塔彭宁共同创立，2004年埃隆·马斯克（Elon Musk）进入公司并领导了A轮融资。创始人将公司命名为“特斯拉汽车（Tesla Motors）”，以纪念物理学家尼古拉·特斯拉。

特斯拉公司先后推出数款车型，2014年开始在其车辆上装载Autopilot辅助驾驶系统及硬件。

1. Autopilot 辅助驾驶系统

Autopilot是特斯拉汽车的自动辅助驾驶系统，目前达到了第二级，部分实现了第三级功能，在向完整实现第三级乃至第四级迈进。特斯拉汽车公司认为如果人类依赖自身视觉来识别周围环境，那么摄像头也同样能实现人眼功能。摄像头摄取的环境数据在经过视觉算法处理后，系统将通过深度学习模型进行自我培训，从而达到全范围认知路况，增进系统控制的精度。目前在市场上，这种依靠摄像头获取数据增进辅助驾驶系统性能的方式，特斯拉汽车公司处于领先位置。

2. 车辆传感器配置

特斯拉汽车的辅助驾驶系统一般采用“8颗摄像头+1颗毫米波雷达”的配置，如图1-8所示。具体如下：

1）前视三目摄像头：包括前视宽视野、主视野、窄视摄像头各一颗，安装于风窗玻璃后。组合视野范围达 360°，对周围环境的监测距离最远可达 250m。

2）两颗侧方后视摄像头：装在翼子板上，位置靠前。

3）两颗侧方前视摄像头：装在 B 柱，位置在侧方后视摄像头的安装位置之后 1m。

4）一颗后视摄像头：安装于牌照框上方。

5）一颗毫米波雷达：位于前保险杠靠下方的位置，可视范围达 160m。

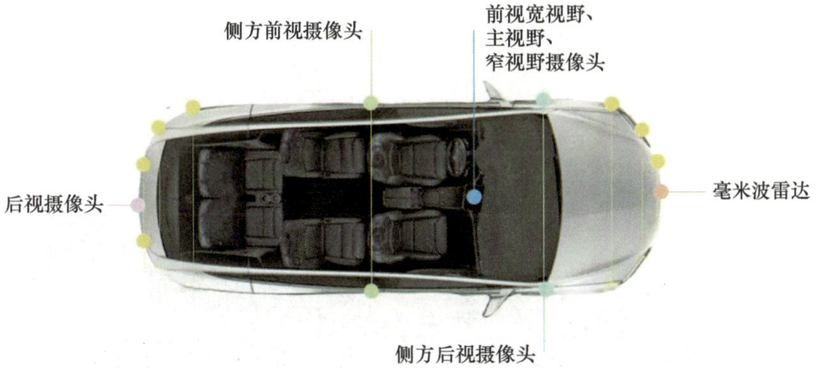

图 1-8　特斯拉汽车传感器配置

3. 车辆 AI 计算

摄像头的图像信息密度大、蕴含的环境信息最为丰富，对算法、数据处理、规模化机器学习的能力提出了很高的要求，特斯拉汽车公司通过如下方式来解决：

（1）神经网络算法　神经网络是机器学习的一种，通过借鉴生物神经网络的工作原理形成的一种数学模型，可以用于解决机器视觉以及语音识别等诸多难题。特斯拉汽车组建了一个视觉神经网络来解决自动驾驶中关于感知的问题。通过大量数据输入，教会机器识别车道线、车辆、行人、交通信号等内容。

图 1-9　英伟达双芯片

（2）强大的计算芯片　海量的数据处理需要强大的计算芯片支持，特斯拉汽车采用双芯片设置，画面每秒传输 110 帧，算力增至每秒 12 万亿次。搭载的英伟达双芯片如图 1-9 所示。

三、谷歌汽车

2009 年谷歌 X 实验室就已经启动了自动驾驶项目。当时谷歌一直在研发没有转向盘和踏板的无人车，并在经过多年测试后决定转换思路：停止自主研发汽车硬件的技术路线，只专注自动驾驶核心技术，于是 Waymo 品牌诞生。2016 年谷歌宣布将自动驾驶汽车业务从 X 实验室分拆出去，成立独立公司 Waymo，这意味着谷歌将自动驾驶汽车业务看成一项长期可持续运营的项目，商业化进展被提上日程，同时也意味着谷歌对自身自动驾驶技术的信心。

目前，Waymo 取得了巨大成就。在测试里程方面，其自动驾驶车队在公共道路上的路测里程已达 800 万 mile（约 1287 万 km），平均每天行驶 25000mile（约 4 万 km），通过仿真系统模拟行驶了超过 50 亿 mile（约 80 亿 km）。从大规模组建车队后，Waymo 的测试里程几乎呈指数级增长，这意味着谷歌在更少的时间将会获得更多的测试数据，有利于商业化进程持续进行。

Waymo 公司采用了“高精地图 + 激光雷达 + 摄像头”的传感器路线，丰富的传感器配合谷歌在地图领域的积累，让其处于世界自动驾驶技术的领先水平。其路试车辆如图 1-10 所示。

图 1-10　搭载谷歌 Waymo 自动驾驶技术的路试车辆

四、百度自动驾驶汽车

百度自动驾驶汽车是指百度与第三方汽车厂商合作制造的自动驾驶汽车（图 1-11）。百度自动驾驶汽车项目于 2013 年起步，由百度研究院主导研发，其技术核心是“百度汽车大脑”，包括高精度地图、定位、感知、智能决策与控制四大模块。其中，百度自主采集和制作的高精度地图记录了完整的三维道路信息，能在厘米级精度实现车辆定位。同时，百度无人驾驶车依托国际领先的交通场景物体识别技术和环境感知技术，实现高精度车辆探测识别、跟踪、距离和速度估计、路面分割、车道线检测，为自动驾驶的智能决策提供依据。

百度自动驾驶汽车可识别交通指示牌和行车信息，具备雷达、相机、全球卫星导航等电子设施，并安装同步传感器。驾驶人只要向导航系统输入目的地，汽车即可自动行驶前往目的地。在行驶过程中，汽车会通过传感设备上传路况信息，在大量数据基础上进行实时定位分析，从而判断行驶方向和速度。

图 1-11　百度自动驾驶汽车

2017 年百度正式宣布推出 Apollo 自动驾驶系统，对外开放自动驾驶平台，联合行业共同组建自动驾驶车队，与北京汽车、江淮汽车、奇瑞汽车和比亚迪汽车合作研发的 L3 级自动驾驶汽车分别于 2019 年、2020 年、2021 年相继量产。2020 年 Apollo 的 Robotaxi（自动驾驶出行服务）落地也有所突破，长沙用户已可通过百度地图和百度 APP 在长沙市相应测试区域内使用这一服务。

百度邀请造车领域的企业、政府机构和道路管理者共同参与，要实现的是车路协同效应，形成无人驾驶商业化的闭环逻辑，由百度提供无人驾驶技术、车企提供原型车、道路管理者负责规划适合无人驾驶汽车上路的道路环境、政府机构负责其中的监督，走的是具有中国特色的自动驾驶路线。

【大国风采】

芯片在智能汽车中扮演了重要角色，如果我国没有自主的芯片研发生产，将来的智能汽车发展必然会遇到阻力。在这方面，华为的麒麟芯片的研发经历可以提供借鉴。华为凭借着自主研发的5G技术，让企业自身的可发展性得到了最大的提升，全球首颗5G SoC芯片正是源自于华为，在5G芯片问世之后，为华为手机走向全球市场奠定了基础，麒麟芯片所表现出来的性能，丝毫不弱于苹果的A系列芯片和高通的骁龙系列芯片，华为5G手机的销量顺势成为全球第一。

华为5G技术全球领先，所以美国处处限制华为的发展，目的就是让华为放弃研发高端芯片。而华为很好地诠释了中华民族该有的气节，不仅没有放弃对于5G技术的继续研发，还持续了对于暂时无法盈利的麒麟芯片的研发，同时也让中国的企业明白了自主创新的重要性，让国家更加关注半导体行业的发展。

【知识检测】

1. 特殊情况下驾驶人还需要操作车辆，车辆不能接管所有路况的自动驾驶等级是几级？（　　）

A. 3级　　B. 4级　　C. 5级　　D. 6级

2. 特斯拉自动辅助驾驶汽车上应用了哪些传感器？（　　）

A. 超声波雷达　　B. 激光雷达　　C. 摄像头　　D. 毫米波雷达

3. 谷歌自动辅助驾驶汽车上应用了哪些传感器？（　　）

A. 超声波雷达　　B. 激光雷达　　C. 摄像头　　D. 毫米波雷达

4. 百度无人驾驶汽车的技术核心是（　　）。

A. 高精度地图　　B. 先进传感器

C. 百度汽车大脑　　D. 强大的数据分析能力

项目 2

超声波雷达的装配与调试

超声波雷达是汽车上常见的探测障碍物的传感器，在智能车辆上主要用于近距离的障碍物探测，主要用于实现 L2 级别的自动驾驶，比如自动泊车功能和短距离循迹自动驾驶等功能都涉及超声波雷达。本项目要学习超声波雷达的工作原理以及典型车型的超声波雷达的装调和故障诊断。

【学习目标】

知识目标（应知）

1. 了解超声波雷达的工作原理。
2. 掌握典型车型的超声波雷达的装配与调试步骤。
3. 掌握超声波雷达的典型故障诊断方法。

技能目标（应会）

1. 能正确完成超声波雷达的装配与调试。
2. 能独立完成超声波雷达的典型故障诊断方案设计。

任务1　超声波雷达工作原理介绍

【学习导入】

某车主买了一辆小鹏P7，并且第一次切身感受P7的自动泊车功能（图2-1），只要使用钥匙或手机APP单击自动泊车功能，车辆就能自己倒车进入停车位，即使很窄的停车位也能停进去，而且车辆也可以自动开出来，完全不需要人驾驶。帮助车辆实现自动泊车的一个重要传感器就是本任务要学习的超声波雷达。

图2-1　小鹏P7自动泊车示意图

【相关知识】

泊车辅助系统为驾驶人提供驶入停车位和驶出停车位辅助，其主要借助超声波雷达来工作。

一、工作原理

声波的声速在一定温度下为定值，若声波波长为λ，频率为f，则$c=\lambda f$，所以频率越高，波长越短，测量的距离误差越小。因为超声波频率比声波高，所以距离误差小。超声波为20kHz以上的声波，声波在空气中行进，会因频率越高而衰减越快，使测距范围变短，所以一般采用40kHz频率的超声波。

超声波一般用时间差法来测距，也可称为反射法，如图2-2所示，即超声波从发射到接收需经过物体来反射，所以耗费两倍的时间，若两物体间距离为D，时间为t，声速为c，公式为$D=ct/2$。

声速会受温度影响而改变，若温度为 X，则声速 $c = 331.37 + 0.6X$，单位为 m/s，所以超声波雷达在温度变化的环境中测量距离的准确度是有偏差的，一般为 10%。在自动驾驶汽车中一般系统都自带温度修正来提高测量精度。

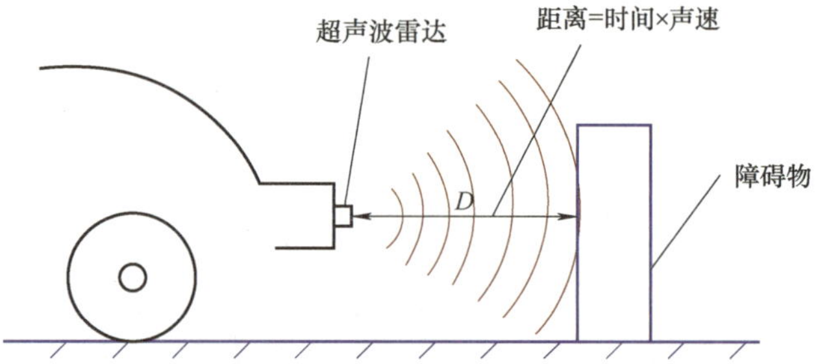

图 2-2　超声波雷达测距原理

超声波雷达会根据探测回波算出距离，但是，如图 2-3 所示，处于 A 处和处于 B 处的障碍物都会返回相同的探测距离 D，在仅知道探测距离 D 的情况下，通过单个雷达的信息是无法确定障碍物是在 A 处还是在 B 处的。所以要知道障碍物准确位置至少需要两个超声波雷达。

二、超声波雷达的结构

每个超声波雷达都有一套自己的电子装置以及一根连接控制单元的数据导线，其外观如图 2-4 所示。

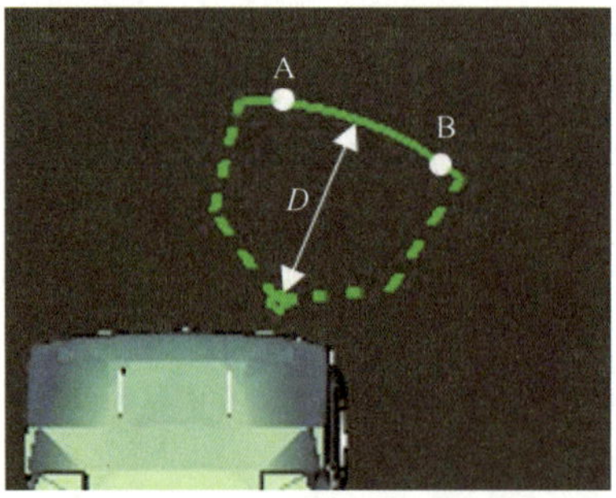

图 2-3　单个超声波雷达测距点

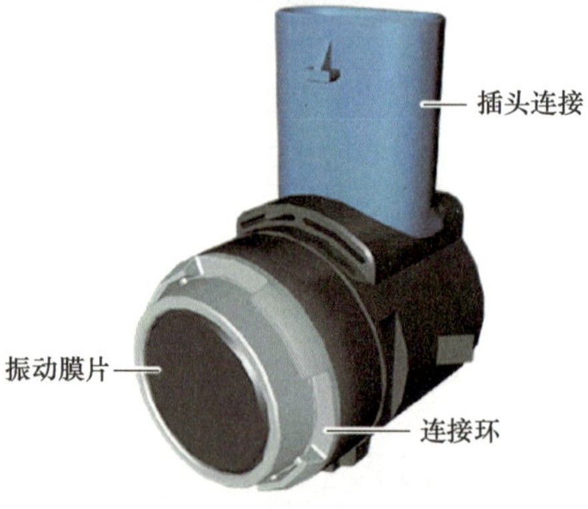

图 2-4　超声波雷达外观

超声波雷达在其电子模块中有一个可设码和可编程的内存，如图 2-5 所示。这样，便能有目的地对回声接收的灵敏度施加影响，因此超声波雷达可跨车型使用。电子模块驱动压电陶瓷带动膜片振动，产生超声波，超声波以脉冲形式对外发送，压电陶瓷在脉冲间隔期间可以接收回波，把超声波重新转换成电信号。

超声波雷达都有 1 个共同的电源和搭铁线，还有 1 根信号线，共 3 根线。

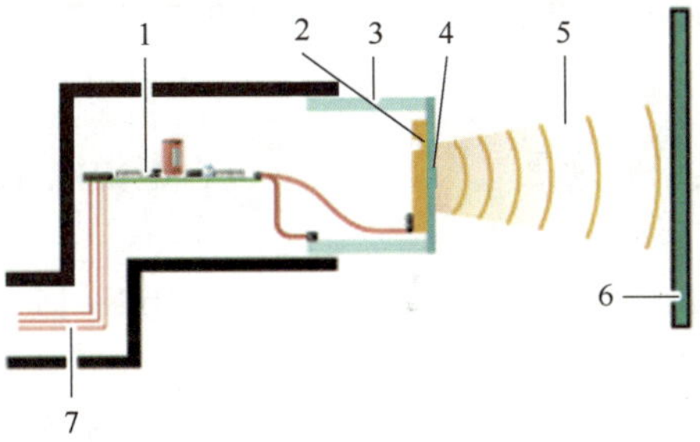

图 2-5　超声波雷达内部结构简图

1—电子模块（包括内存）　2—压电陶瓷　3—连接环
4—膜片　5—超声波　6—障碍物　7—插头连接

三、超声波雷达的特点及使用注意事项

1. 超声波雷达的特点

优点：超声波的能量消耗较缓慢，在介质中传播的距离比较远，穿透性强，测距的方法简单，成本低。

缺点：超声波雷达在速度很高的情况下测量距离有一定的局限性，这是因为超声波的传输速度很容易受天气情况的影响，在不同的天气情况下，超声波的传输速度不同，而且传输速度较慢，当汽车高速行驶时，使用超声波测距无法跟上汽车的车距实时变化，误差较大。另一方面，超声波散射角大，方向性较差，在测量较远距离的目标时，其回波信号会比较弱，影响测量精度。但是在短距离测量中，超声波雷达具有非常大的优势。

2. 使用注意事项

（1）超声波雷达可能探测不到的情况

1）铁丝、绳索、栏杆等细小物体。

2）低于探头的柱状物体，如消防栓等。

3）表面光滑的斜坡，其可能将超声波反射到别处而探测不到。

4）松软的雪、棉花等容易吸收超声波的物体。

5）障碍物低并且过于接近车体。

6）表面光滑的球状或者柱状体，如某些栏杆。

7）低洼处、深沟、河流等。

（2）超声波雷达可能误报警的情况

1）安装有高功率输出的天线电话机和天线，使用时可能干扰超声波雷达。

2）其他车辆的喇叭、排气管尾气可能会干扰超声波雷达。

3）目标物表面结冰或有污泥。

4）暴雨或降雪时。

5）灌木丛或较高的草会被识别而触发报警。

【知识检测】

1. 超声波雷达有 3 根线，分别是（　　　　　）、电源电压线、（　　　　　）。

2. 超声波频率在多少？（　　）

A. 10kHz 以上　　B. 20kHz 以上　　C. 30kHz 以上　　D. 40kHz 以上

3. 超声波雷达可用于哪些系统？（　　）

A. 短距离循迹系统　　B. 停车位探测系统　　C. 自动倒车系统

4. 超声波雷达是属于（　　）。

A. 远距离传感器　　B. 近距离传感器

任务 2　超声波雷达的装调

【学习导入】

一台宝马车前保险杠被剐蹭了，需重新更换。保险杠上有 4 个超声波雷达，需要对照维修手册谨慎拆装。本任务主要介绍超声波雷达（图 2-6）的装配和调试。

图 2-6　宝马汽车超声波雷达

【相关知识】

一、超声波雷达的装调步骤

下面以宝马 5 系 G38 车型为例讲解前部超声波雷达的装调，装调步骤见表 2-1。

表 2-1　宝马汽车超声波雷达的装调步骤

序号	步骤	图例
1	打开车前盖。将前格栅 ① 在下方区域抓住并使下部松脱。通过向上转动使上方夹子②松脱。避免前格栅①与保险杠饰件接触。将前格栅①向前拔出	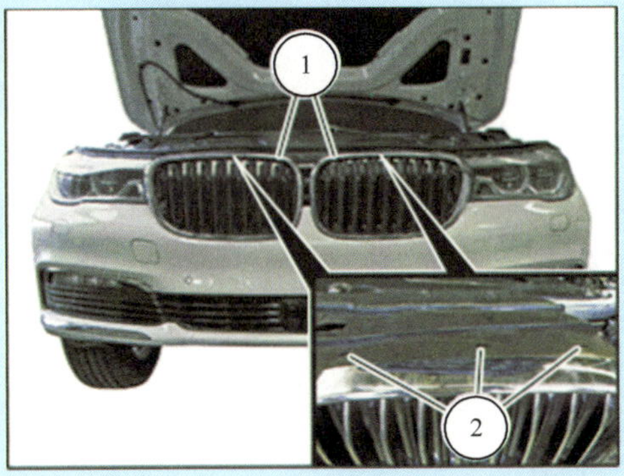

（续）

序号	步骤	图例
2	将前格栅①从卡子②中松开，并从剩余的卡子中向前拔出	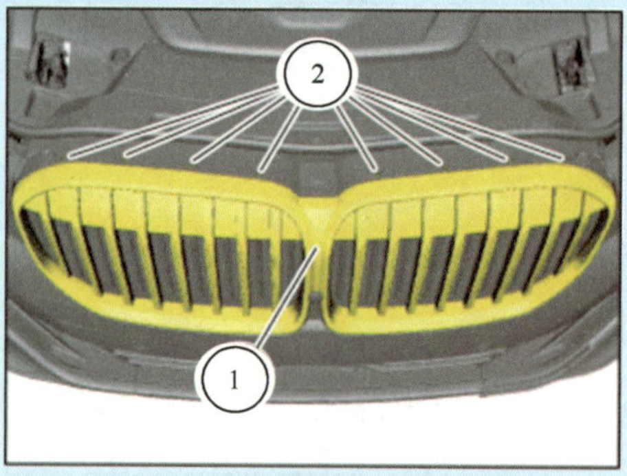
3	松开螺栓（箭头）。将轮罩盖①翻至一侧	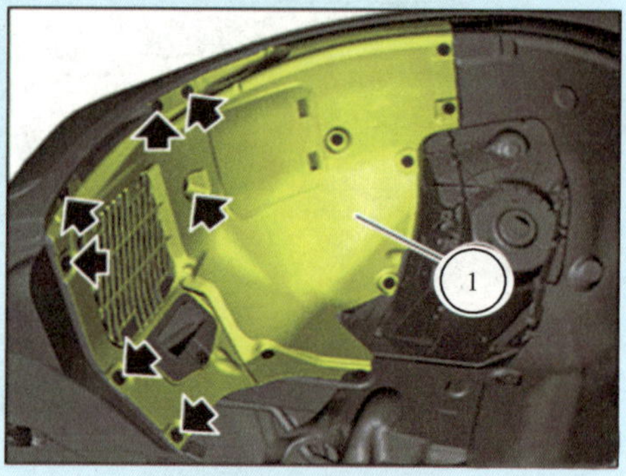
4	松开螺栓①	
5	松开螺栓①	

（续）

序号	步骤	图例
6	将右侧插头连接①解除联锁并脱开。将插头①从支架②中取出。解锁并脱开前照灯清洗装置的软管。将软管向上放置并固定。这样可避免清洗液溢出	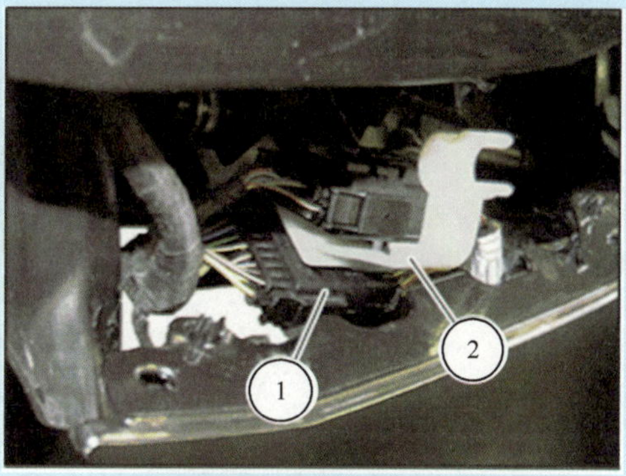
7	将上部主动空气风门控制装置②区域中的保险杠饰件①从固定装置中松开。将保险杠饰件①稍稍向前拉，必要时脱开附加插头连接，将保险杠饰件①向前取出	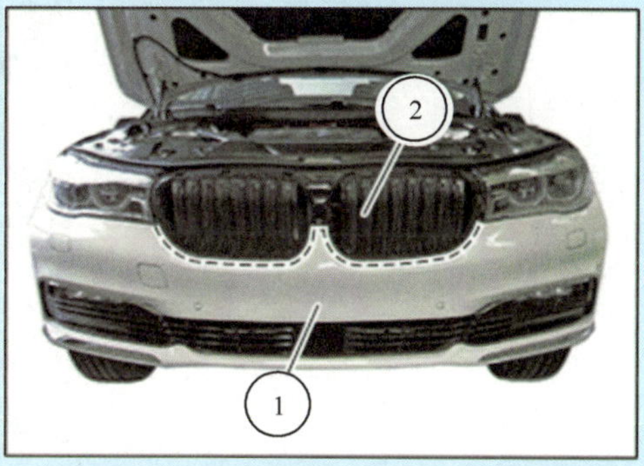
8	1）解除联锁并脱开插头① 2）将卡子②解锁 3）取出超声波雷达③，更换新保险杠，装好超声波雷达 4）按与拆卸步骤相反的顺序装好各部件	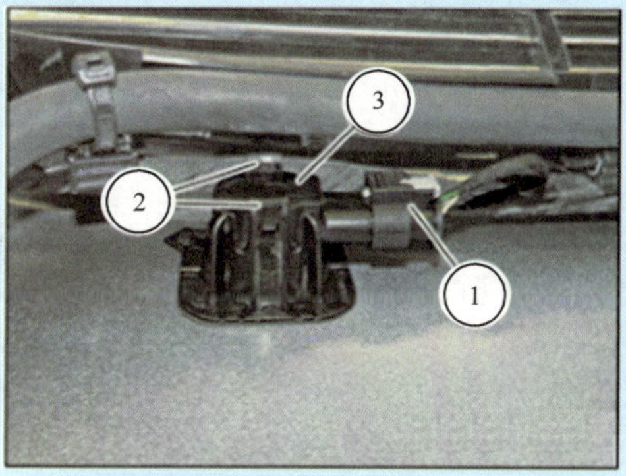
9	1）检查所有嵌入件是否损坏 2）在嵌入件损坏的情况下更新前格栅① 3）将前格栅①定位在上部 3 个嵌入件上 注意：嵌入件先不要嵌入	

（续）

序号	步骤	图例
10	将前格栅①在前照灯区域内向下按压，直到下部嵌入件嵌入	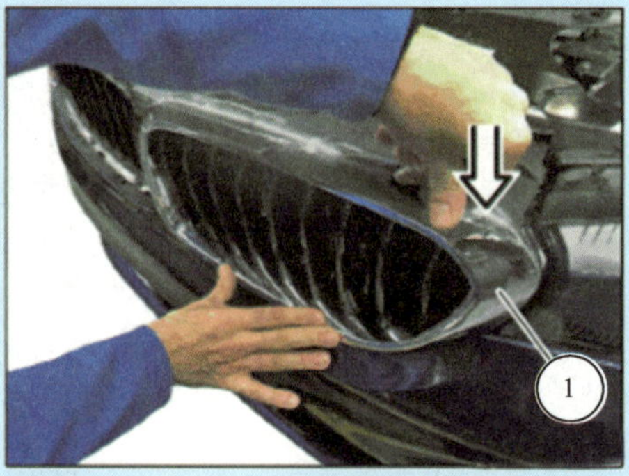
11	在所有卡止点处按压前格栅①，直到听到所有嵌入件嵌入的声音	
12	安装前格栅①之后进行拉伸测试 如图所示，用双手分别抓住一根前脸竖饰条并拉动，以便检查前格栅①是否牢固。如有必要，再次在所有嵌入件处按压前格栅①	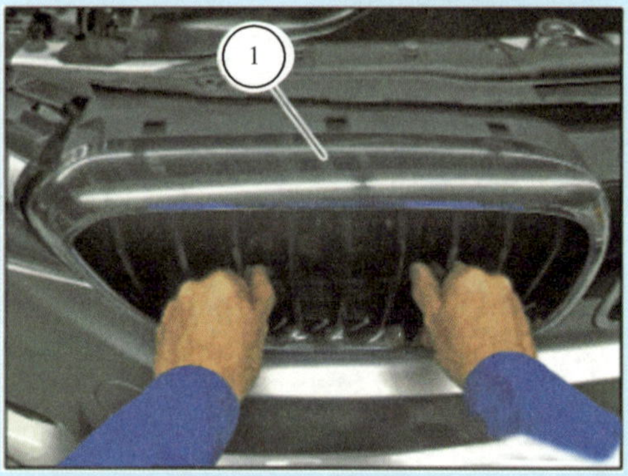
13	按压倒车雷达启动按键，让一位同学在雷达前走动，观察显示屏是否有变化，如有随走动远近显示发生变化，则正常。如不变化，检查插头连接，或进入诊断程序	

二、安装注意事项

1）超声波雷达要卡在正确位置。

2）禁止用力按压超声波雷达前端。

3）装配好后要进行功能检查。

4）超声波雷达必须牢固安装在支架中并嵌入。

5）超声波雷达必须在支架中或保险杠套管中对中安装。

6）超声波雷达的反射角必须正确（由支架在保险杠上的位置和保险杠本身决定）。

7）连接超声波雷达的导线不允许有拉力（在低温下拉应力可能增大并可能导致导线损坏）。

【知识检测】

在完成装调时，按照下表记录相关内容。

项目	内容
拆装过程中用到的工具	
螺栓的标准拧紧力矩	
拆装过程中遇到的困难	

任务3　超声波雷达故障诊断

【学习导入】

一辆行驶里程约 11.6 万 km、配置 3.0L 发动机（B48）的 2017 年宝马 530Li 轿车，该车挂入倒档没有倒车雷达。根据车主陈述，起动车辆挂入倒档，遮挡后保险杠倒车超声波雷达，没有反应。然后挂上前进档，遮挡前保险杠超声波雷达也没有图像和倒车雷达的“滴滴”声。该怎么诊断这辆车的故障呢？故障示意图如图 2-7 所示。本任务来对超声波雷达的故障诊断进行讲解。

图 2-7　宝马汽车超声波雷达故障示意图

【相关知识】

一、中控屏显示提示

倒车超声波雷达功能集成在泊车辅助系统里面，在超声波雷达失效时，可有以下操作：

1）检查控制单元中的故障码存储记录。

2）检查控制信息和灰色倒车图像。

一般显示检查控制信息如下：

① 提示检查超声波雷达的机械状态。进行故障查询前首先检查超声波雷达的机械状态。同时应注意，超声波雷达是否正确固定在其支架内（分隔元件），且没有污垢、冰雪。

② 提示超声波雷达不允许进行油漆。既不允许补漆，也不允许整体喷涂。

③ 提示清洁超声波雷达。高压清洗设备不得长时间对超声波雷达固定喷射，且要至少

保持10cm的距离。

二、故障诊断

1. 故障现象确认

一辆行驶里程约11.6万km、配置3.0L发动机（B48）的2017年宝马530Li轿车，该车挂入倒档后，倒车超声波雷达没有反应。根据车主陈述，起动车辆挂入倒档，遮挡后保险杠倒车超声波雷达，没有反应。然后挂上前进档，遮挡前保险杠超声波雷达也没有图像和倒车的“滴滴”声。接车验证如实描述。

接上诊断仪读取故障码，有“9E38 超声波雷达电源”这一个故障码。初步判断：前后有一个超声波雷达损坏或超声波雷达电源电路搭铁不良使电压降低，从而产生故障。还有可能是控制模块本身损坏。

2. 故障分析

故障码显示是超声波雷达电源故障，先从电源检测开始，首先查找泊车辅助系统控制单元的针脚定义，见表2-2。从表中看出前部超声波雷达的供电线是1号针脚，搭铁是12号针脚，后部超声波雷达的供电线是5号针脚，搭铁是9号针脚。接着查看电路图2-8和图2-9，从图中可以看出前后超声波雷达的电源和搭铁都是并联到控制单元中的。现在是所有超声波雷达都不工作，如果存在电源断路，一组断路，另一组还可以使用，两组都断路概率较小。如果存在短路，任意短路都会造成系统不工作，概率较大。通过测试可知泊车辅助系统控制单元可以通信，说明控制单元电源是没问题的，重点查看内部超声波雷达供电是否出问题。所以检测点如下：

1）检测泊车辅助系统控制单元插头连接是否正常。

2）检测泊车辅助系统控制单元输出的超声波雷达电源是否正常。

3）检测超声波雷达电源线和搭铁线是否断路。

4）检测超声波雷达电源线是否短路。

表2-2 泊车辅助系统控制单元针脚定义（A343*1B）

针脚（Pin）	类型	名称/信号类型	插座/测量说明
1	A	前部超声波雷达供电源	前部超声波雷达插接器
2	E	雷达信号	左前侧驻车助手超声波雷达
3	E	雷达信号	前部右中超声波雷达
4	E	雷达信号	前部左外超声波雷达
5	A	后部超声波雷达供电源	后部超声波雷达插接器
6	E	雷达信号	左侧外部后部超声波雷达
7	E	雷达信号	右后中部超声波雷达
8	E	雷达信号	后部右侧超声波雷达
9	M	雷达搭铁	后部超声波雷达插接器
10	—	未被占用	
11	—	未被占用	

（续）

针脚（Pin）	类型	名称/信号类型	插座/测量说明
12	M	传感器搭铁	前部超声波雷达插接器
13	M	搭铁	接地点
14	E	电源总线端 KI. 30	熔丝 F262
15	E	雷达信号	前部右外超声波雷达
16	E	雷达信号	前部左中超声波雷达
17	E	雷达信号	右前侧驻车助手超声波雷达
18	E	雷达信号	后部左侧超声波雷达
19	E	雷达信号	左后中部超声波雷达
20	E	雷达信号	右侧外部后部超声波雷达
21	—	未被占用	
22	—	未被占用	
23	E/A	局部控制器区域网络总线信号	总线连接

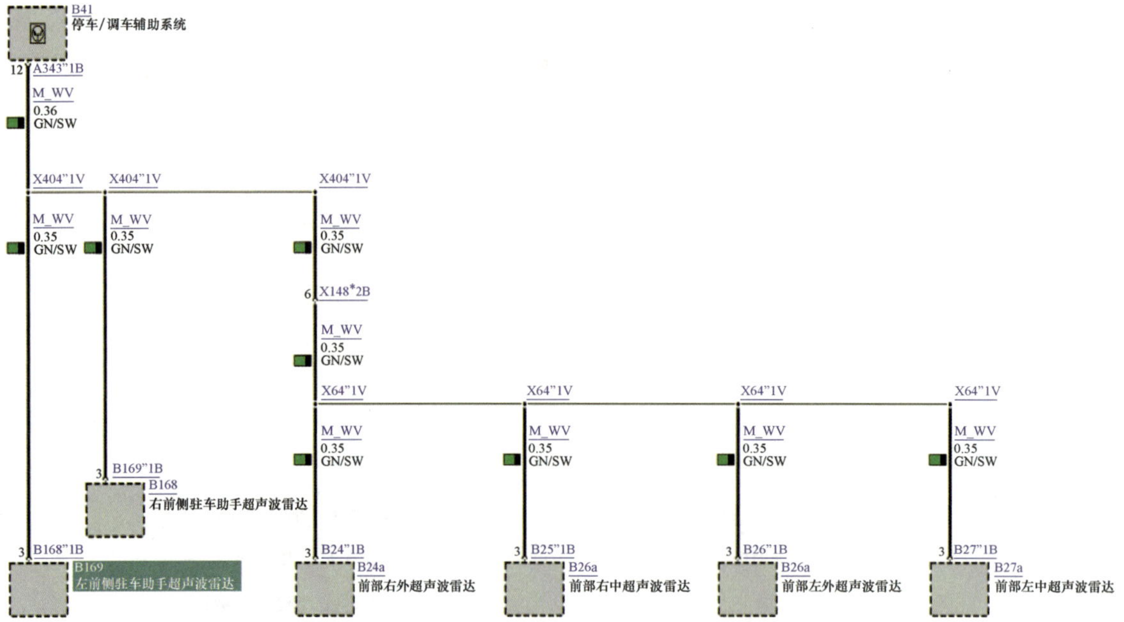

图 2-8　前部超声波雷达搭铁电路图

3. 故障检测

查找维修系统找到泊车辅助系统控制单元的安装位置（图 2-10），首先检查控制单元插头连接，连接牢固，针脚无锈蚀。接着拔掉插头，检测超声波雷达电源针脚是否有电压。从表 2-2 中可知前部超声波雷达电源和搭铁分别是 1 号和 12 号针脚，后部超声波雷达电源和搭铁分别是 5 号和 9 号针脚，用万用表连接 1 号和 12 号针脚，检测供电正常。用万用表连接 5 号和 9 号针脚，检测供电正常。说明泊车辅助系统控制单元供电正常。

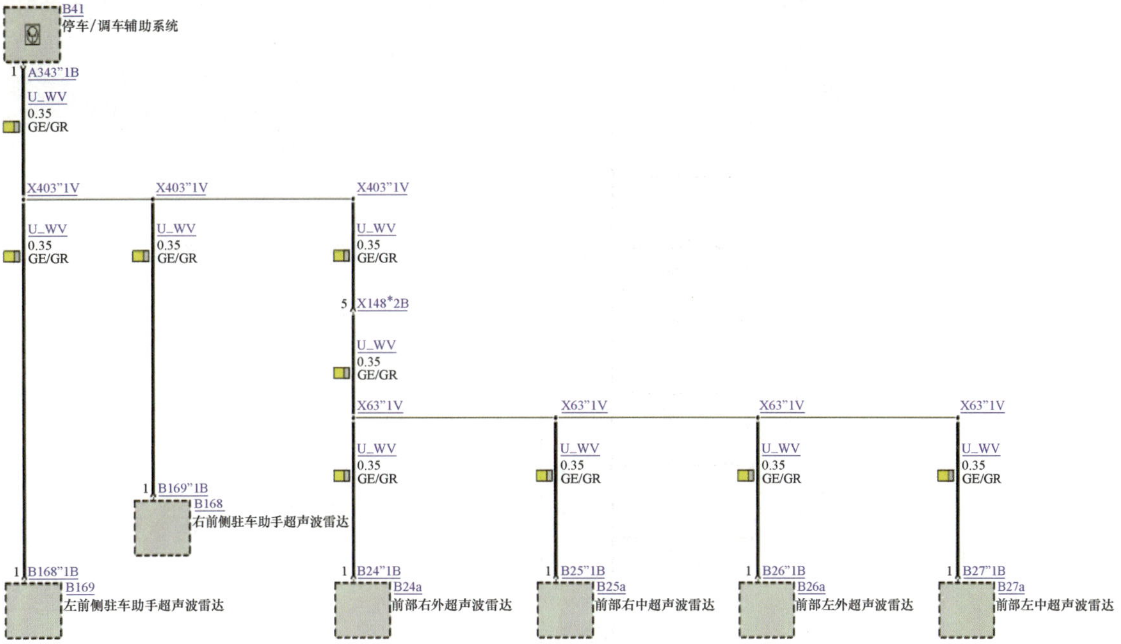

图2-9　前部超声波雷达供电电路图

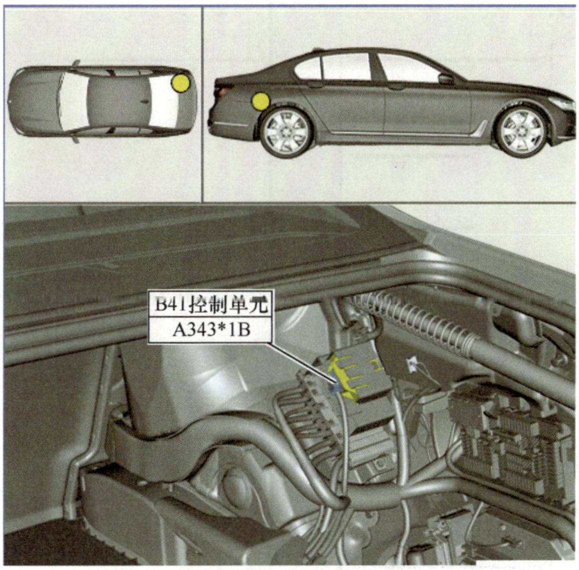

图2-10　泊车辅助系统控制单元安装位置

接下来是检测超声波雷达电源线是否短路，在控制单元插头A343*1B处接上适配器分别测量1号和12号、5号和9号针脚的电阻来判断是否短路，当测量前部1号和12号针脚发现电阻很小，可以判断线路存在短路，接下来就要判定短路位置。从电路图（图2-11）可知1号和12号针脚分别连到了X403*1V和X404*1V两个插头上。找到插头位置如图2-12所示，断开两个插头，测量连接超声波雷达的电路发现还是短路，说明下面电路有问题，继续

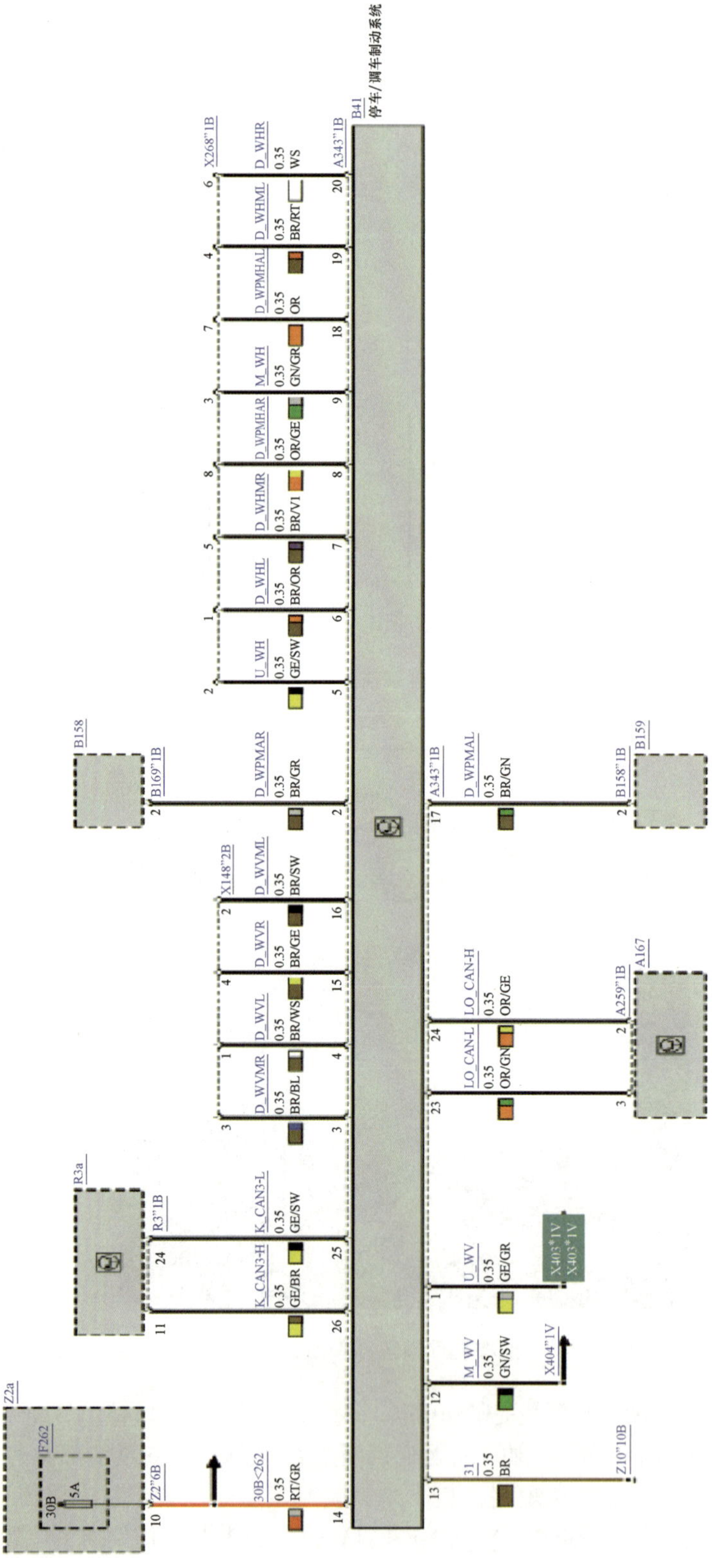

图 2-11 泊车辅助系统电路图

下一步检测。从图2-12和图2-13中可知两个插头都分了3路：右前侧和左前侧以及中部4个超声波雷达。要分别测出每一路的情况，结果发现中部4个超声波雷达短路。

再往下查找，还有一个插头X148*2B（参考图2-8和图2-9），分别是5号和6号针脚，找到安装位置（图2-13），拔掉插头。检查超声波雷达端，发现还是短路。顺电路往下查到了插头X64*1V，但是找到这个插头必须拆下前保险杠，这样前面4个超声波雷达也都能检测到，在检测插头X64*1V时发现是前部右中超声波雷达短路，仔细检查电路，发现是电线有破皮，使正负极短接，导致系统启动保护程序，断掉了所有超声波雷达的电源。询问车主才知前段时间发生了追尾，前保险杠被撞坏已更换，电路应该是那时被撞破的。

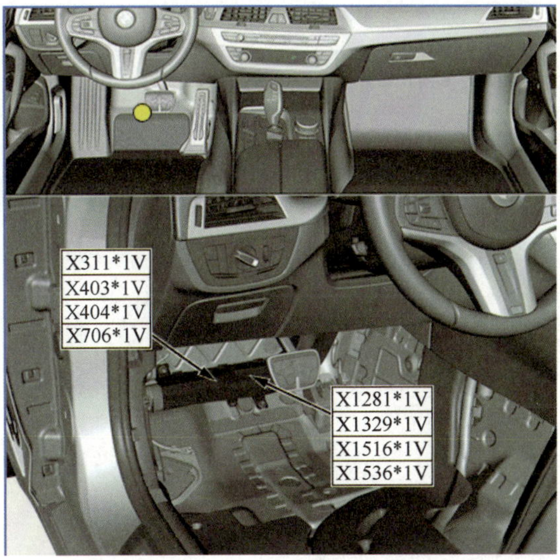

图2-12　X403*1V和X404*1V插头位置

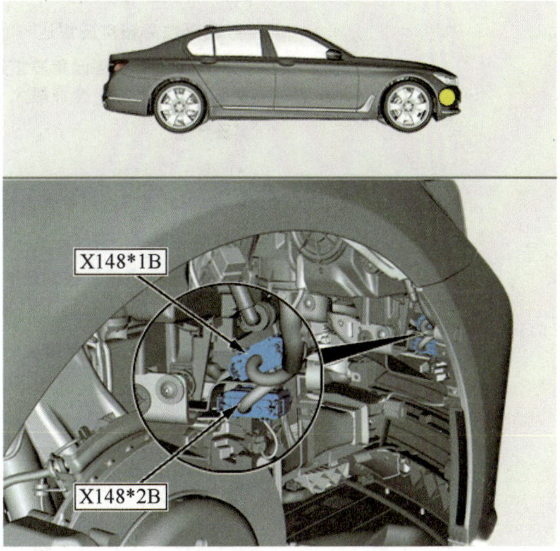

图2-13　X148*2B安装位置

4. 故障维修

包扎好导线，启动倒车超声波雷达，发现屏幕显示正常。装配好车辆，用诊断系统检测所有超声波雷达显示正常，如图2-14所示。删掉故障码，打印维修报告，向客户交车。

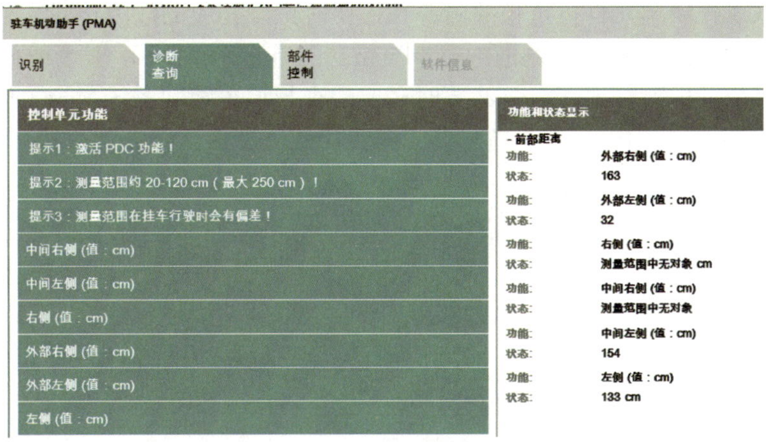

图2-14　检测各超声波雷达功能

三、故障诊断总结

超声波雷达故障一般分为超声波雷达功能故障、电源故障两大类。电源故障诊断过程与本文中的案例类似。功能故障诊断相对还要容易些，因为每个超声波雷达信号线独立，可以直接在诊断软件上做功能检测来判断，如图 2-15 所示。如果更换了泊车辅助系统控制单元或超声波雷达，后续是不需要编程的，但泊车辅助系统控制单元会在每次启动时检查超声波雷达的软件是否与泊车辅助系统控制单元软件兼容。如果不兼容，在泊车辅助系统控制单元中会出现一个相应的故障码。这种情况下必须执行超声波雷达软件的更新。

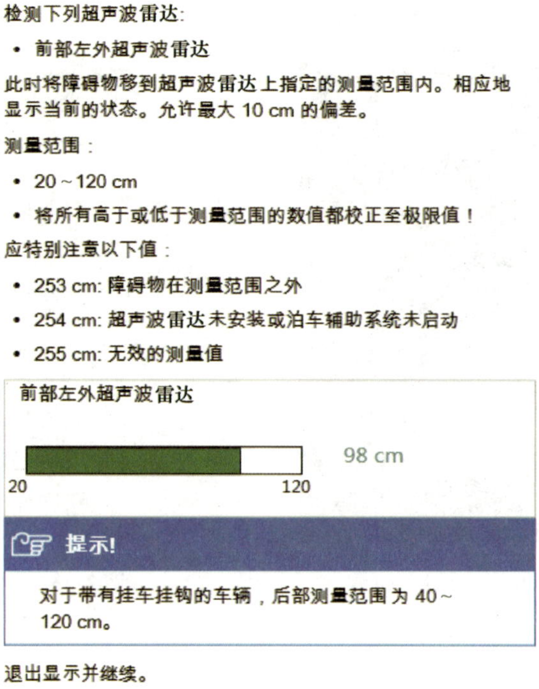

图 2-15　超声波雷达功能检测

泊车辅助系统控制单元自行监控故障并在需要时记录相应的故障记录。但泊车辅助系统控制单元在下列情况下无法进行识别：超声波雷达（包括密封环）安装或放置错误时或当超声波雷达区域内的保险杠损坏时。必要时还要检查与泊车辅助系统配合工作的组件是否无故障，例如倒车档信号 PDC 按钮、扬声器、声音信号、屏幕、组合仪表等。

【知识检测】

1. 超声波雷达的电源线是否存在并联？（　　）

A. 是　　　　B. 否

2. 超声波雷达的信号线是独立的吗？（　　）

A. 是　　　　B. 否

3. 哪些情况超声波雷达可能会误报警？（　　）

A. 没有正确安装　　B. 过浓的尾气

C. 暴雨　　D. 冰雪覆盖

4. 哪些情况超声波雷达可能会不报警？（　　）

A. 表面疏松的障碍物

B. 表面积雪的障碍物

C. 倒车速度过快

5. 更换泊车辅助系统控制单元是否需要编程或设码？（　　）

A. 是　　B. 否

项目 3

毫米波雷达的装配与调试

毫米波雷达指工作在毫米波波段的雷达。通常毫米波是指（30～300）GHz 频域（波长为 1～10mm）的电磁波。毫米波的波长介于厘米波和光波之间，因此毫米波兼有微波制导和光电制导的优点。毫米波雷达在汽车方面的应用也很广泛。毫米波雷达分为远距离雷达（LRR）和近距离雷达（SRR），由于毫米波在大气中衰减弱，所以可以探测感知到更远的距离，其中远距离毫米波雷达可以实现超过 200m 的感知与探测。毫米波雷达的多项优势，使其目前在汽车自动驾驶系统中应用广泛。本项目对毫米波雷达的构造原理和装配与调试进行了详细讲解，可帮助同学们深入了解毫米波雷达，有效指导大家完成实际相关工作。

【学习目标】

知识目标（应知）

1. 了解毫米波雷达的概念和发展史。
2. 掌握毫米波雷达的工作原理。
3. 掌握毫米波雷达的装配与调试步骤。
4. 掌握毫米波雷达的故障诊断方法。

技能目标（应会）

1. 能正确分析车辆上的毫米波雷达系统原理。
2. 能正确完成车辆上的毫米波雷达的装配与调试。
3. 能独立完成车辆上的毫米波雷达的故障排除。

任务1　毫米波雷达概述

【学习导入】

2017年9月14日，中国陆军航空兵的明星——直19轻型武装直升机（图3-1）亮相直博会进行静态展示，直19旋翼桨毂顶端的一个新“鼓包”引发了大家极大的兴趣，这个装置，就是直19的新利器——新型毫米波雷达，目前除美国的“长弓阿帕奇”改进型武装直升机外，这是当时世界上第二种量产装备毫米波雷达的武装直升机，毫米波雷达究竟是什么利器，能让直19如虎添翼？本学习任务就来了解毫米波雷达。

图3-1　直19轻型武装直升机

【相关知识】

一、电磁波的概念

电磁波是由相同且互相垂直的电场与磁场在空间中衍生发射的振荡粒子波，是以波动的形式传播的电磁场，具有波粒二象性。它在真空中的传播速度约为每秒30万km。电磁波伴随的电场方向、磁场方向、传播方向三者互相垂直（图3-2），因此电磁波是横波。当其能阶跃迁过辐射临界点，便以光的形式向外辐射，此阶段波体为光子，太阳光是电磁波的一种可见的辐射形态，电磁波不依靠介质传播，在真空中的传播速度等同于光速。

电磁波包括的范围很广，无线电波、微波、红外线、可见光、紫外线、X射线、γ射线都是电磁波。可见光的频率比无线电波的频率要高很多，可见光的波长比无线电波的波长短很多；而X射线和γ射线的频率则更高，波长则更短。不同频段的电磁波在空间传播的时候，它传播的介质一旦改变，就会产生反射、吸收、透射、衍射等现象。不同频段的电磁波，这几种现象的占比有很大差异，如图 3-3 所示。

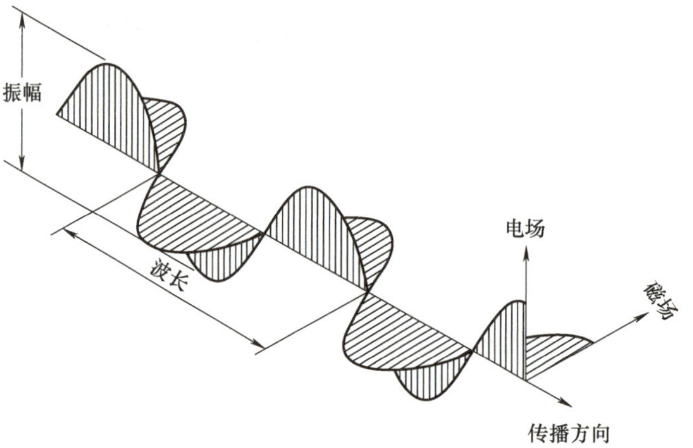

图 3-2 电磁波

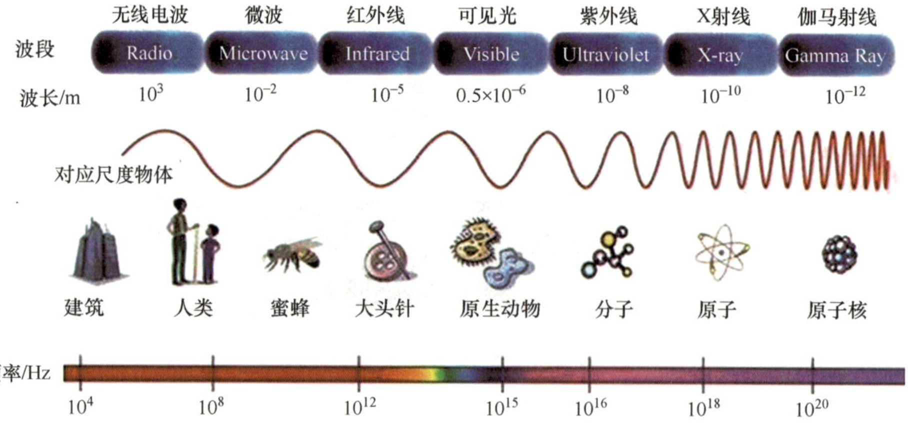

图 3-3 电磁波光谱

无论是超声波雷达、主动红外、激光雷达都是基于反射这个特性，不同频率的电磁波在反射特性上有很大差异，这一方面取决于介质，也就是反射面的材质。例如，金属的材质更容易反射微波、水会吸收电磁波，因而水下很少使用雷达。另一方面，反射、透射等特性还取决于电磁波的频率。例如广播，一般在屋里就能接收到，但是 WiFi 隔了几堵墙可能就很弱了，而像红外和可见光可能一张纸也透不过去。这是因为，波长越长，越容易产生透射和衍射现象，而波长越短，则越容易被反射。一般来讲，如果电磁波波长比介质的尺寸大，就容易透过和衍射，反之则容易反射。这里比较特殊的是射线，它以粒子属性为主，所以基本不能看作是波了。

毫米波的波长在 1 ~ 10mm 之间，这个波长很短，早期毫米波开发难度很大，是近十年才利用起来的。现在能用来通信和处理的电磁波频率越来越高，已经有太赫兹（THz）、可见光通信等，这得益于技术的发展。毫米波的波段为（30 ~ 300）GHz，频率很高，但是这个频段里很多频率区域的电磁波在空气里传播很容易被水分子、氧气吸收，所以可用的只有24GHz、60GHz、77GHz、120GHz几个典型的频段。其中，24GHz这个频段比较特殊，它严格来讲不是毫米波，因为它的波长在1cm左右，但是它是毫米波中最早被利用起来的。现在各个国家把24GHz划出来可以民用，在汽车里用得最早，77GHz划分给了汽车防撞雷达。

二、毫米波的特性

毫米波由于波长很短，根据反射特性等特点来讲，首先它很接近于光的传播特性，对于较小的反射面（物体）也能较好的反射；另外由于频率很高，它可调制的带宽非常大；其次，由于它波长很短，天线就可以很小。但是由于其波长小，在空间传播很容易被阻挡和吸收，导致它的作用距离不可能太远，这个远近是相对其他波段来说的，一般作用距离在1km以内。

毫米波雷达和大多数微波雷达一样，有波束的概念，即发射出去的电磁波是一个锥状的波束，而不像激光是一条线。这是因为这个波段的天线，主要以电磁辐射，而不是光粒子发射为主要方法，和超声波一样。它的优点是可靠，因为反射面大；缺点是分辨力不高。

因而毫米波雷达有如下几个优势：

1）探测性能稳定：不受被测物体表面形状、颜色等的影响；对大气紊流、气涡等适应性强。

2）探测距离较长：车载毫米波雷达一般的探测距离在150～200m之间，有些毫米波雷达探测距离能达到300m，能够满足高速行驶环境下对较大距离范围内的环境监测需要。

3）环境适应性良好：毫米波有很强的穿透能力，其测距精度受雨、雪、雾、阳光等天气因素和杂声、污染等环境的影响较小，可以保证车辆在任何天气下的正常运行。全天候适应性决定了其未来成为主力传感器的核心地位。

三、毫米波雷达的发展史

毫米波雷达的研制是从20世纪40年代开始的。20世纪50年代出现了用于机场交通管制和船用导航的毫米波雷达（工作波长约为8mm），显示出高分辨力、高精度、小天线口径等优越性。但是，由于技术上的困难，毫米波雷达的发展一度受到限制。这些技术上的困难主要是：随着工作频率的提高，功率源输出功率和效率降低，接收机混频器和传输线损失增大。20世纪70年代中期以后，毫米波技术有了很大的进展，研制成功了一些较好的功率源：固态器件，如雪崩管和耿氏振荡器；热离子器件，如磁控管、行波管、速调管、扩展的相互作用振荡器、返波管振荡器和回旋管等。此外，在高增益天线、集成电路和鳍线波导等方面的技术也有所发展。20世纪70年代后期以来，毫米波雷达已经应用于许多重要的民用和军用系统中，如近程高分辨力防空系统、导弹制导系统、目标测量系统等（图3-4）。

民用毫米波雷达首先应用的方向是汽车应用（图3-5），约20世纪90年代，毫米波雷达就被用于汽车的ACC功能（自适应巡航），后来又陆续发展为防撞、盲区探测等其他功能。

图 3-4　毫米波雷达在军事上的应用

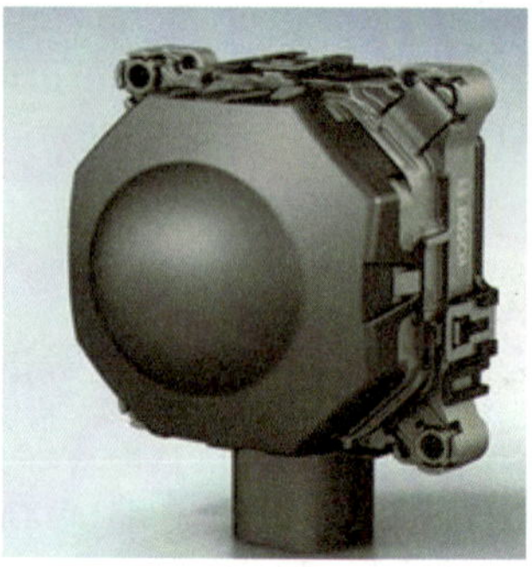

图 3-5　汽车用毫米波雷达外形

四、毫米波雷达在汽车上的应用

毫米波雷达在车辆上的应用目前主要是在自适应巡航控制（ACC）系统上，自适应巡航控制系统是一种智能化的自动控制系统，它是在车辆行驶过程中，通过安装在车辆前部的毫米波雷达持续扫描前方道路，同时由轮速传感器采集车速信号，当与前车之间的距离过小时，自适应巡航控制系统控制单元可以通过与防抱死制动系统、发动机控制系统协调动作，使车轮适当制动，并使发动机的输出功率下降，以使车辆与前方车辆始终保持安全距离。自适应巡航控制系统在控制车辆制动时，通常会将制动减速度限制在不影响舒适性的程度，当需要更大的减速度时，自适应巡航控制系统控制单元会发出声光信号通知驾驶人主动采取制动操作。当与前车之间的距离增加到安全距离时，自适应巡航控制系统控制单元控制车辆按照设定的车速行驶。下面以宝马车为例讲解自适应巡航控制系统的功能操作。

自适应巡航控制系统操作元件集成在多功能转向盘（图 3-6）中。通过这些操作元件可以选择各个功能。设定速度可在 30 ~ 210km/h 之间，以 10km/h 为步幅便捷选择或以 1km/h 为步幅精确选择。设定速度显示在组合仪表中（也可显示在平视显示系统中）。

1. 自动熄火、启动功能

自适应巡航控制系统现可对静止目标做出反应，自动控制熄火、启动功能，这时系统承担踩踏加速踏板和制动踏板的任务，从而调节距离和速度。不超过 3s 的短时静止时间后重

图 3-6　多功能转向盘

1—左侧开关组　2—右侧开关组　3—堵车助手按钮　4—接通或关闭定速控制功能按钮
5—保持、存储、更改设置速度的翘板按键　6—设置所需行驶速度的按钮（SET）
7—增大减小距离的按钮　8—重新启用或调用所存速度的按钮（RES/CNCL）

新自动起步。如果长时间静止，则需按压多功能转向盘上的按钮或踩下加速踏板后才自动起步。

2. 动态制动控制（跟随行驶报警）

在危险情况下通过二级警告（预警和严重警告）提醒驾驶人可能发生碰撞。严重警告后车辆以最大减速度减速，直至速度降低到50km/h以下。在此不仅考虑移动目标，也考虑静止目标。跟随行驶报警可以通过驾驶辅助系统操作单元打开和关闭。如果驾驶人在车辆静止且自适应巡航控制系统激活时离开车辆，则通过电动机械式驻车制动器使车辆保持静止状态。

3. 毫米波雷达加热装置

毫米波雷达根据车速，在 −5 ~ 5℃的温度范围内启动加热装置（图3-7）。如果车外温度信号缺失或者有错误，则加热装置性能退化。在这种情况下，自适应巡航控制系统控制单元中会存有故障记录。

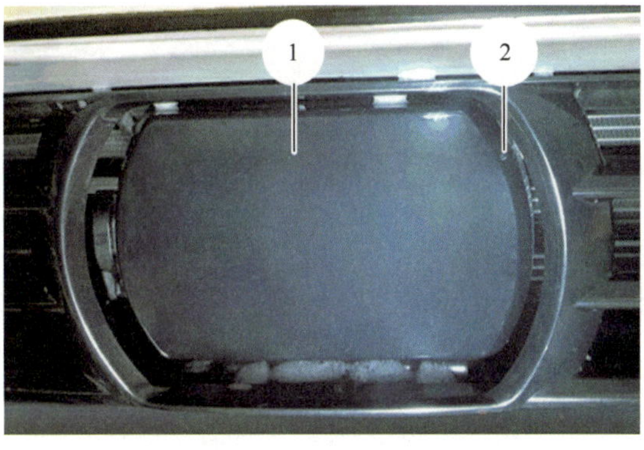

图 3-7　毫米波雷达加热装置

1—毫米波雷达加热装置　2—调整螺钉

即使安装了加热装置，在一些不利的天气条件下，仍可能出现自适应巡航控制系统可用性受限的情况，例如在从低温过渡到高温的过程中，有可能会出现这种情况，因为原来干燥的冰雪由于毫米波雷达加热装置的发热作用有可能会粘住。在这种情况下，自适应巡航控制系统有可能会暂时停用，同时向客户发出对应的检查控制信息。一旦加热装置融化了冰雪，识别到目标对象，就会重新启用。

【知识检测】

一、填空题

电磁波是由相同且互相（　　）的电场与磁场在空间中衍生发射的振荡粒子波，是以波动的形式传播的（　　），具有波粒（　　　）。

二、选择题

1. 当电磁波在空间传播的时候，它传播的介质一改变，就会发生（　　）等现象。

A. 反射　　B. 吸收　　C. 透射　　D. 衍射

2. 目前能用的毫米波频率有哪些？（　　）

A. 24Hz　　B. 60Hz　　C. 77GHz　　D. 120GHz

三、简答题

1. 毫米波雷达有哪些优点和缺点？

____.
____.
____.
____.

2. 自适应巡航系统的工作原理是什么？

____.
____.
____.
____.

任务2　毫米波雷达工作原理介绍

【学习导入】

毫米波雷达探测障碍物的原理就像蝙蝠的超声波一样，毫米波雷达设备的发射机通过天线把电磁波能量射向空间某一方向，处在此方向上的物体反射碰到的电磁波，毫米波雷达天线接收此反射波，就知道前方有障碍物，但是在汽车上应用的毫米波雷达不仅要知道有障碍物，还需要知道障碍物的距离、速度、大小和行进方向等，那么这些参数是通过何种原理测得的呢？这就是本任务要讲解的。

【相关知识】

一、毫米波雷达的工作原理

1. 电磁波的反射

蝙蝠为什么能够在黑夜里飞行，而不至于撞到障碍物，是因为蝙蝠的嘴里能够发出一种人类听不见的声音，这声音频率在25000～70000Hz之间，已经超出人类耳朵所能听到的16～20000Hz范围，所以叫作超声波。蝙蝠的听觉器官很特殊，它能感觉到这种超声波，飞行时其中有一部分反射到蝙蝠的耳朵里，蝙蝠便知道在那个方向有障碍物。毫米波雷达探测原理同蝙蝠一样，只不过将声音换成了电磁波。

2. 电磁波的定向发射

电磁波的定向发射是指在一个特定瞬间，用狭细的射束来发射脉冲电磁能。它有一个重要的优点是能够节省能量，用小功率就能“看”得远，而且效果好。例如一个人夜里在大房间看书的时候，并不需要用灯照亮整个房间，只需一盏台灯将光照在书上就足够。这时整个房间的其余部分都是黑暗的，但是并不妨碍看书，反而会看得更清楚。

毫米波雷达工作也是如此。由于它把能量集中在不大的空间里，所以是“照射”目标物最好的方法。毫米波雷达的射束越狭细，集中的能量就越大，被发现目标的方向也就指得越正确。但其照射的范围也随之越小，所以射束的缩窄有着合理的极限，需要能同等程度地满足毫米波雷达的各种要求。为了使毫米波雷达满足各种工作任务的需要，射束往往有不同的形状（图3-8）。

二、毫米波雷达的基本组成及各组成的工作原理

1. 半波振子：电磁波的发生装置

毫米波雷达想要探测目标，就要有电磁波。毫米波雷达中能在空间激起电磁波的工具就是振子，即一根金属棒。电子在金属棒中来回反弹的过程叫作电振荡，如果反弹的过程中没

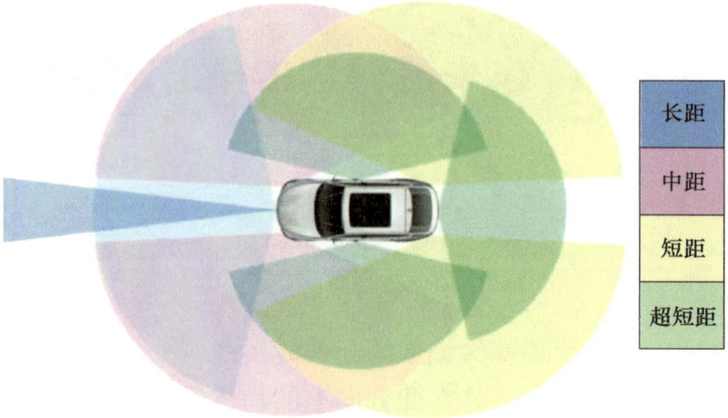

图 3-8　不同毫米波雷达射束示意图

有任何阻力的话，这种反弹会一直持续下去。电子流从金属棒的左端振荡到右端，再由右端返回到左端，叫作振荡一周，每秒振荡的周数，叫作振荡的频率。

电子流在金属棒上流动的速度是极快的，它接近于光速，是不变的。因此，金属越长，电子流来回振荡一周所需要的时间也就越长，振荡频率也就越低。在振荡一周的时间内，电子流走过的距离就是波长。显然，电子流在这段时间内，走过的距离恰好是金属棒长度的两倍。换句话说，金属棒的长度恰好为波长的一半。所以，这种金属棒常称为半波振子（图 3-9）。

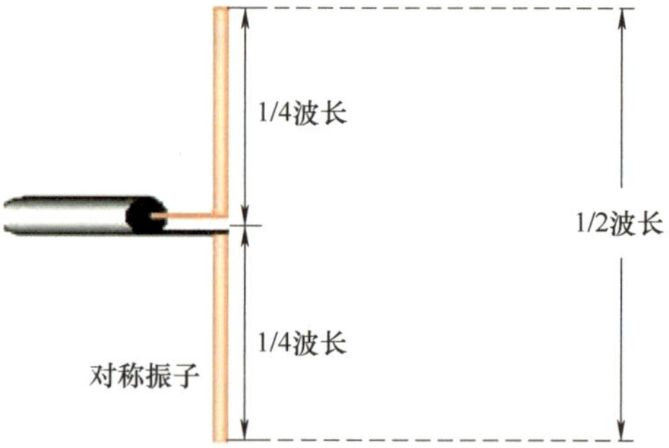

图 3-9　半波振子

半波振子上电子流的高频电振荡，会在空间激发出频率相同的电磁波，它以光速飞快地离开振子向四面八方飞去，半波振子是毫米波雷达向空间发射电磁波的器件。因为半波振子能向空间发射电磁波，所以有时把它称为辐射器。

半波振子中电子流的来回振荡会遇到阻力，如不给它供给能量，使其克服各种阻力，这种振荡很快就会停止。所以，毫米波雷达中要有一部机器，它能驱使半波振子上电子流的振荡按照需要强有力地进行，这种机器叫毫米波雷达发射机。它是半波振子的能源，相当于手电筒里的电池。

毫米波雷达发射机供给半波振子以高频率电振荡的能量，半波振子在空间激起电磁波。一旦关断毫米波雷达发射机，半波振子也就停止向空间发射电磁波了。所以控制发射机通断，就可以控制向空间发射电磁波。

2. 毫米波雷达天线：电磁波的定向发射装置

有了发射机和半波振子，就可以向空间发射电磁波了。但这样发射出去的电磁波是不能用来搜索和探测目标的。因为它向空间所有的方向都发射出电磁波，这些电磁波从四面八方碰到了目标，一起反射回来，根本无法知道目标在哪个方向。

毫米波雷达使电磁波定向发射的方法，与手电筒聚光的方法类似。那就是，不让半波振子直接向空间发射电磁波，而是让它把电磁波先发射到一个像大锅一样的反射器上，从反射器反射出来的电磁波就只朝一个方向发射了。这种反射器，叫作抛物面反射器（图 3-10）。

图 3-10　毫米波雷达抛物面反射器

反射器的大小与电磁波的波长有关系。波长短，反射器就可以做得小一点；波长长，反射器就要做得大些，否则对电磁波的集聚作用不好。当然，在相同波长下，反射器越大，对电磁波的集聚作用就越好。把半波振子（辐射器）和反射器合在一起，看作一个整体，叫作毫米波雷达天线。这种类型的雷达天线叫作抛物面天线。

对于波长为 10cm 的微波雷达，它的半波振子长是 5cm，它的抛物面反射器的直径要达到 9m 左右才能使发射出去的电磁波有足够的方向性。对于波长为 3m 的米波雷达，它的半波振子就有 1.5m 长，按比例来算的话，至少要有直径为 270m 的抛物面反射器，才能使发射出去的电磁波有足够的方向性。这显然是不实用的。因此，对米波雷达来说，必须另找途径来实现对电磁波的定向发射。

经过实践发现，把几十个甚至几百个半波振子按照一定的规律排列起来，也可以实现定向发射。而且半波振子数目越多，定向性就越好。

在相同定向发射性能的条件下，毫米波雷达工作波长短，天线的尺寸也就可以做得更小。毫米波雷达波长为几个毫米，由于天线尺寸和波长相当，所以毫米波雷达的天线可以很小，从而可以使用多根天线来构成阵列天线，达到窄波束的目的，随着收发天线个数的增多，这个波束可以很窄。另外一个因素是，由于波长很小，毫米波雷达可以使用一种“微带贴片天线”，其电路板构造如图 3-11 所示。由于毫米波雷达的频率很高，一般需要高频板材。

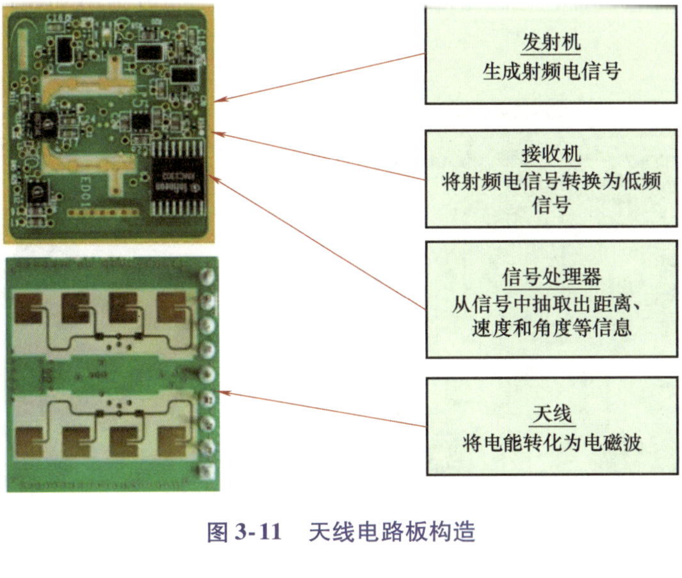

图 3-11　天线电路板构造

3. 毫米波雷达接收机：电磁波的接收及处理装置

从目标反射回来的电磁波，在毫米波雷达天线还没有来得及从一个方位转到另一个方位以前，就已经返回到它上面来了。为了要从这些反射回来的电磁波身上了解到目标的情报（方位、高度、距离等），就必须要有一个像蝙蝠一样的“耳朵”。在毫米波雷达上，这一部分叫作毫米波雷达接收机，它是一只特别灵敏的“耳朵”。为使毫米波雷达的探测距离尽量远，毫米波雷达发射机的功率是很大的，但是从远距离目标上反射回来的电磁波的功率，却极其微小。反射回来的电磁波返回到毫米波雷达天线，并进入毫米波雷达接收机时，就更小了。

远距离目标反射回来的电磁波信号很微弱，一般都要把它放大几百万倍以上，才能在毫米波雷达显示器上观察到。这个放大几百万倍的任务就由毫米波雷达接收机来完成。毫米波雷达接收机与普通的超外差式无线电收音机在原理上是完全一样的。不同的是它不是接收中波或短波的无线电广播信号，而是接收从目标反射回来的超短波或微波的毫米波雷达信号。由于毫米波雷达的工作频率太高，要把这么高频率的信号直接放大几百万倍并不容易。因此，在信号进入毫米波雷达接收机后，首先要把它的频率变化一下，也就是把它从较高的超短波或微波波段降低到一个较低的中频频率上，这就叫变频。把这个频率降低了的信号，再经过许多级由晶体管或电子管构成的放大器的多次放大，就能够比较容易地达到放大几百万倍的目的了。这种经变频后再放大的接收机叫作超外差式接收机。

车载毫米波雷达因为要求更小的体积，所以电磁波的接收及处理等装置采用 MMIC 工艺制造。MMIC 是单片微波集成电路的缩写，是在半绝缘半导体衬底上用一系列的半导体工艺方法制造出无源和有源元器件，并连接起来构成应用于微波（甚至毫米波）频段的功能电路，具有电路损耗低、噪声低、频带宽、动态范围大、功率大、抗电磁辐射能力强等特点。它包括多种功能电路，如低噪声放大器（LNA）、功率放大器、混频器、检波器、调制器、压控振荡器（VCO）、移相器等（图 3-12）。

MMIC 芯片和天线 PCB 是车载毫米波雷达的核心硬件，以 FMCW 汽车毫米波雷达系统为例，主要包括毫米波雷达圆顶、分立的毫米波雷达机身、天线 PCB、压铸底板等，处理器、MMIC 和电源模块一般都封装在一块电路板上（图 3-13）。

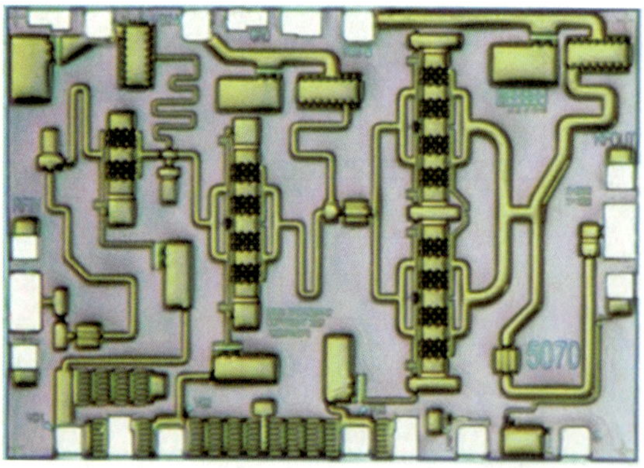

图 3-12　MMIC

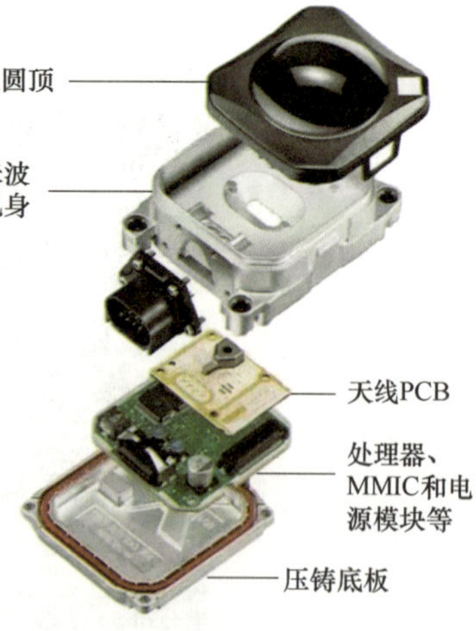

图 3-13　车载毫米波雷达的结构

三、毫米波雷达对目标测量的原理

在汽车主动安全领域，汽车毫米波雷达是核心部件之一，其中 77GHz 毫米波雷达是智能汽车上必不可少的关键部件，是能够在全天候场景下快速感知 0 ~ 200m 范围内周边环境物体距离、速度、方位角等信息的传感器件。那么它是如何计算被监测目标的距离、速度和方向的呢?

1. 距离

测距都是基于反射波和发射波的时间差原理。毫米波雷达作用距离都不太远，那么探测距离就很近，回波和发射波间隔就非常短，所以一般并不太适合使用简单的发射脉冲方式，所以现在主要是用 FMCW（Frequency Modulated Continuous Wave，调频连续波）方式较多。毫米波雷达天线向外发出一系列连续调频毫米波，频率随时间按调制电压的规律变化，一般是连续的三角波，发射与接收信号如图 3-14 所示。图中实线是发射信号，虚线是相对静止和相对运动物体的反射信号。反射信号与发射信号波形相同，只是差一个延时时间 t_d。$t_d = 2D/c$，式中，D 为目标距离，c 光速。

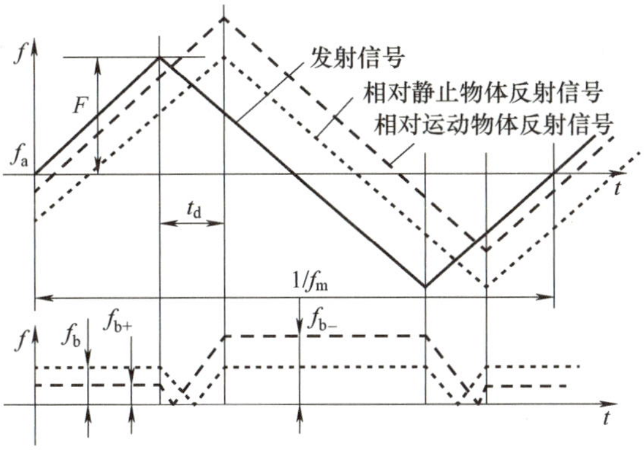

图 3-14　FMCW 发射与接收信号

2. 速度

要知道雷达是怎么测物体速度的，首先要了解多普勒效应。由于振源与观察者之间存在着相对运动，使观察者听到的声音频率不同于振源频率的现象，这就是频移现象。因为，声源相对于观测者在运动时，观测者所听到的声音会发生变化。当声源离观测者而去时，声波的波长增加，音调变得低沉，当声源接近观测者时，声波的波长减小，音调就变高。音调的变化同声源与观测者间的相对速度和声速的比值有关。这一比值越大，改变就越显著，后人把它称为“多普勒效应”（图 3-15）。

毫米波雷达根据反射回来的电磁波频率的变化，可以得知前方实时跟踪的障碍物目标和本车相比的相对运动速度。因此，雷达发出安全距离报警时，若本车继续加速、或前监测目标减速、或前监测目标静止的情况下，电磁波反射回波的频率将会越来越高，反之则频率越来越低。

3. 方位角

监测目标的方位角测量可通过毫米波雷达的发射天线发射出电磁波后，遇到被监测物体

图 3-15　多普勒效应

反射回来，通过毫米波雷达并列的接收天线，收到同一监测目标反射回来的电磁波的相位差，计算出来。方位角测量原理如图 3-16 所示。

d 是毫米波雷达接收天线 RX1 和接收天线 RX2 之间的几何距离，b 是两根毫米波雷达天线所收到反射回波的相位差，通过三角函数计算得到方位角 α_{AZ} 的值，就可以得出被监测目标的方位角。

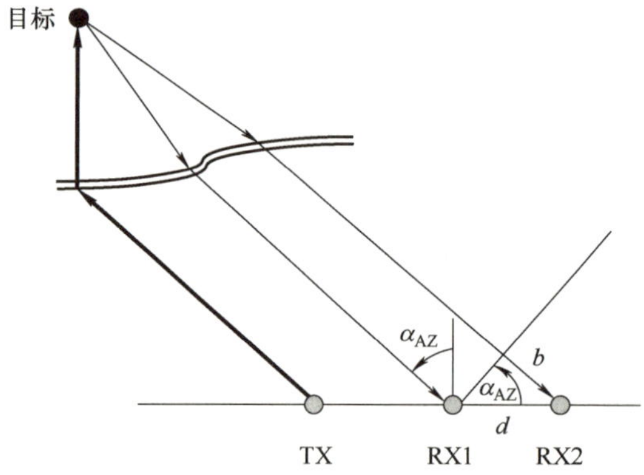

图 3-16　方位角测量原理

位置、速度和方位角监测是毫米波雷达擅长之处，再结合毫米波雷达较强的抗干扰能力，可以全天候全天时稳定工作，因此毫米波雷达被选为汽车核心传感技术。

【知识检测】

1. 毫米波雷达系统的组成包括（　　）。

A. 半波振子　　B. 雷达天线　　C. 接收机　　D. 装载机

2. 电磁波的定向发射有哪些优点？（　　）

A. 距离远　　B. 精度高　　C. 耗能小　　D. 易衍射

3. 车载毫米波雷达的核心零部件有哪些？（　　）

A. 天线 PCB 板　　B. 电源芯片　　C. MMIC 芯片　　D. I/O 芯片

任务3 毫米波雷达的装配

【学习导入】

现在很多车配有自适应巡航系统，系统里的主要传感器就是毫米波雷达。如图3-17所示是吉利汽车下属品牌领克的毫米波雷达安装位置。雷达一般安装在车前正中位置，有的车型从外部就可以观察到，但有的车安装较隐蔽。本任务就来学习如何装配毫米波雷达。

图3-17 领克车型的毫米波雷达安装位置

【相关知识】

下面以宝马5系G38车型为例讲解毫米波雷达的装配，具体拆卸和安装步骤见表3-1。

表3-1 毫米波雷达的拆卸和安装步骤

拆卸示意图	具体操作
1. 拆卸前格栅	
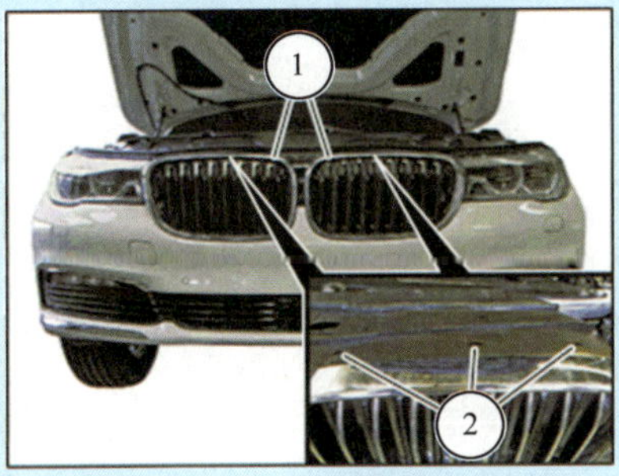	1）打开车前盖 2）将前格栅①从卡子②中松开 3）将前格栅①从剩余的卡子中向前拔下
2. 部分拆卸前部轮罩盖	
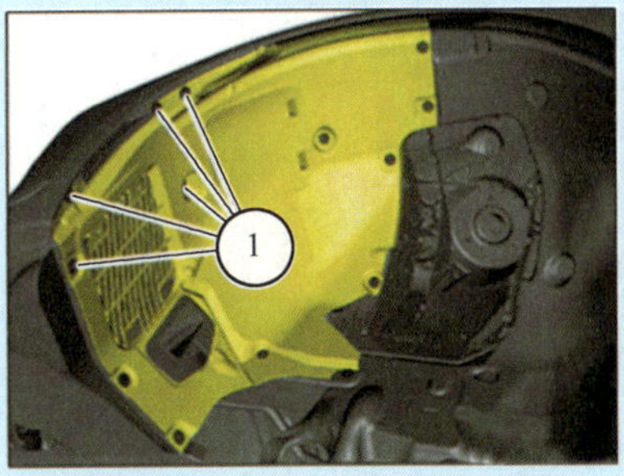	松开螺栓①，将轮罩盖翻到一侧

（续）

拆卸示意图	具体操作
3. 拆下前部保险杠饰板	
	松开螺栓①
	松开螺栓①
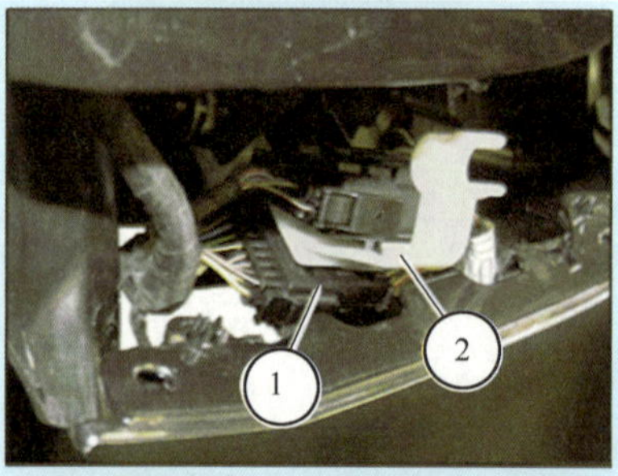	1）右侧插头①解除联锁并脱开。将插头①从支架②中取出 2）解锁并脱开前照灯清洗装置的软管。为了避免清洗液漏出，将软管向上放置并固定
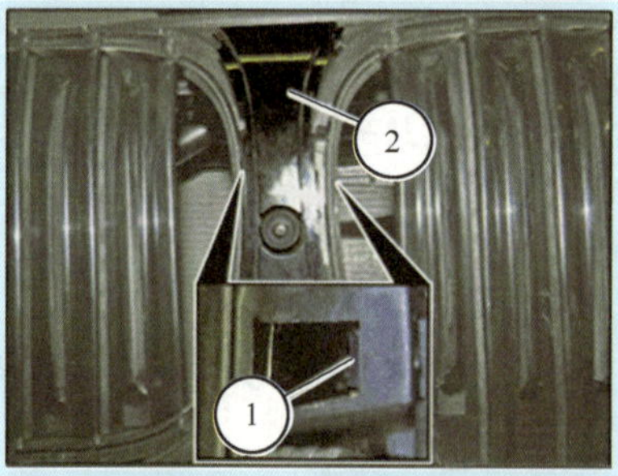	1）将卡子①解除联锁 2）拆下盖板②
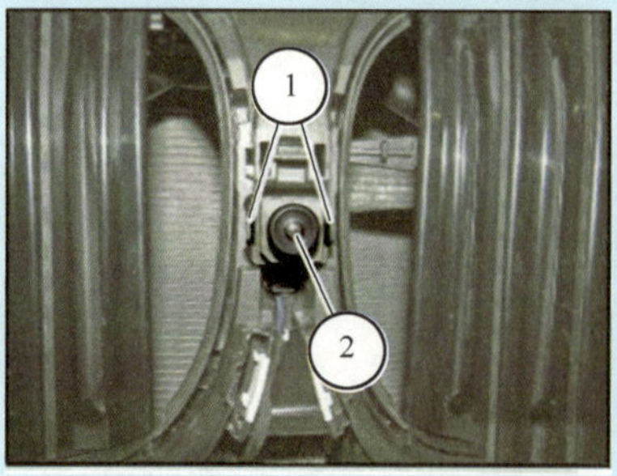	1）将卡子①解除联锁 2）取下前向摄像头②

（续）

拆卸示意图	具体操作
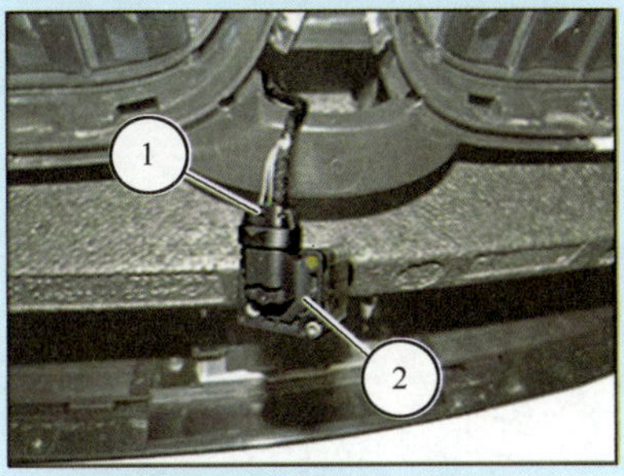	1）解除联锁并脱开插头① 2）取下前向摄像头②
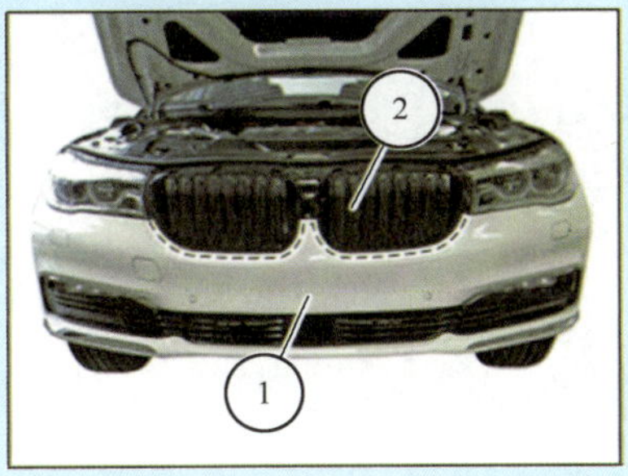	1）将上部主动空气风门控制装置②区域中的保险杠饰件①从固定装置中松开 2）将保险杠饰件①稍稍向前拉，必要时脱开附加插头连接 3）将保险杠饰件①向前取下

4. 拆下毫米波雷达

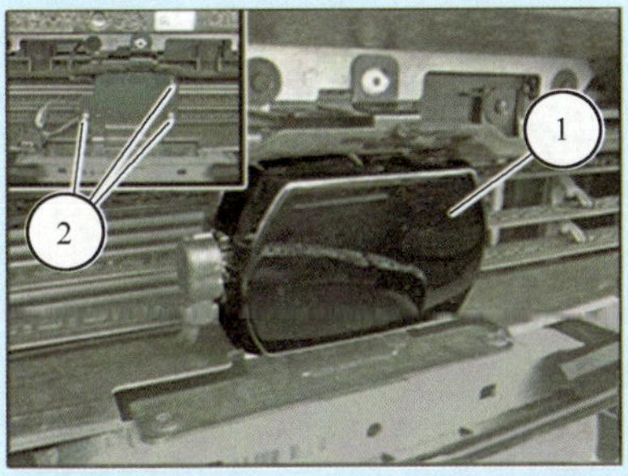	将毫米波雷达罩①用专用工具 0496569（009325）从球头销②上脱开
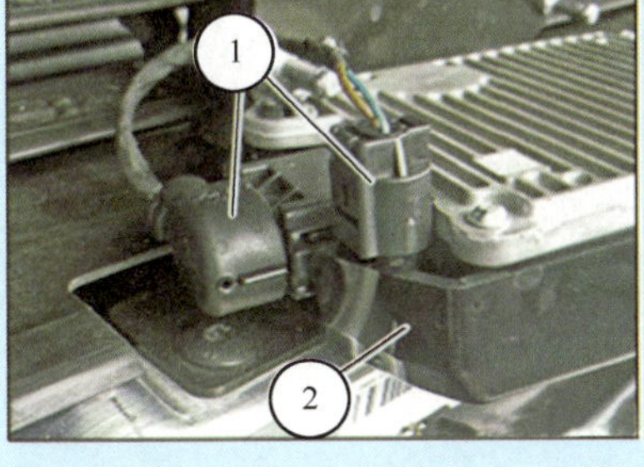	1）将毫米波雷达②上的插头①解除联锁并脱开 2）取下毫米波雷达罩②

（续）

拆卸示意图	具体操作
5. 安装毫米波雷达	
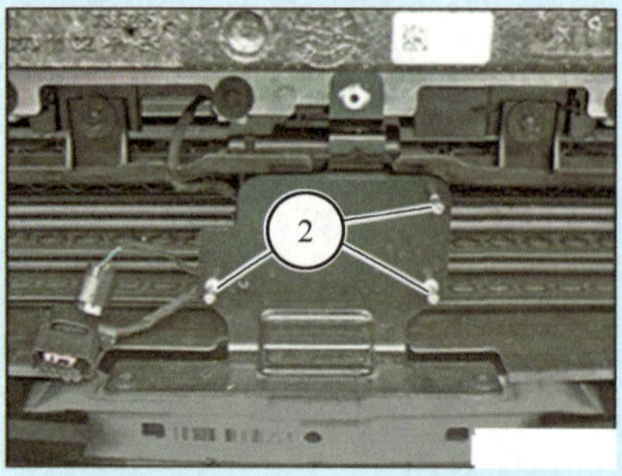	检查球头销②是否损坏
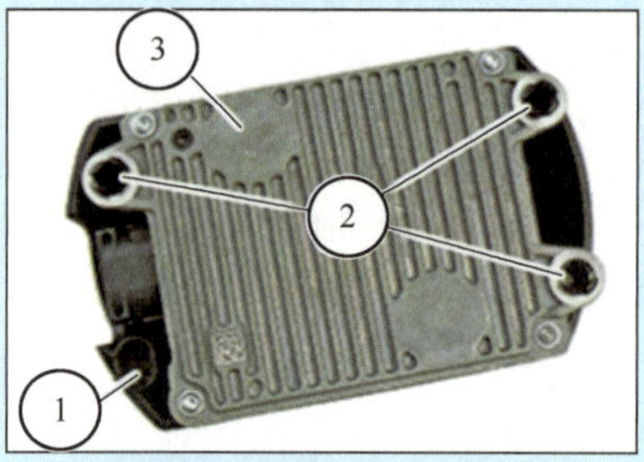	检查毫米波雷达③上毫米波雷达罩①的卡子②是否损坏
	1）安装毫米波雷达罩② 2）连接毫米波雷达②上的插头①并联锁
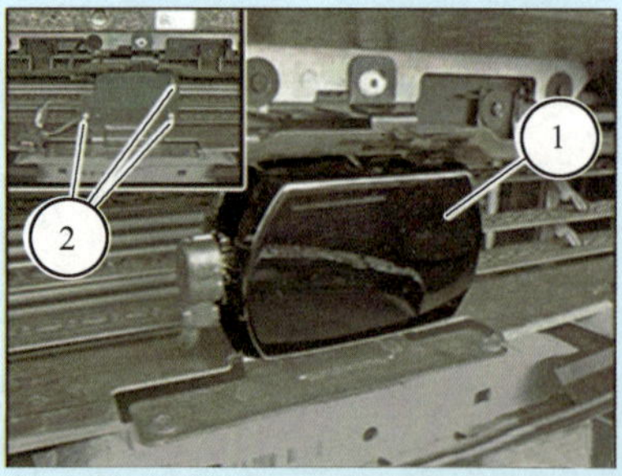	将毫米波雷达罩①嵌入到球头销②上

6. 进入诊断系统设置及调整毫米波雷达

7. 装好其他部件

8. 进行路试

【知识检测】

1. 自适应巡航系统的雷达属于哪种类型？（　　）

A. 超声波雷达　　B. 毫米波雷达

C. 激光雷达　　D. 中波雷达

2. 装配毫米波雷达的一般步骤有哪些？（　　）

A. 拆进气格栅　　B. 拆前保险杆

C. 拆轮胎　　D. 拆底板

3. 如果安装一个新的毫米波雷达，在装上后还需做什么？（　　）

A. 系统测试　　B. 路试

C. 调整毫米波雷达　　D. 设置毫米波雷达

任务4　毫米波雷达的调试

【学习导入】

从前面知识得知，毫米波雷达用的是相控阵天线，这种天线有很好的指向性，但也带来一个问题就是在安装时需要调试，不然方向就有偏差，系统的性能就会大打折扣，甚至会报故障而无法使用。例如有辆大众车在毫米波雷达更换后，由于只是目测安装，没有校准，结果导致车道保持功能识别不准确，一直识别旁边车道车辆，即如果在行车道没有车辆，旁边车道有车它也自动制动。毫米波雷达2°的偏差在20m前方就有0.7m的识别偏差，所以在调整时一定要操作规范准确。本任务中以常见的毫米波雷达为例来讲解如何调试（图3-18）。

图3-18　毫米波雷达的调试

【相关知识】

毫米波雷达集成于自适应巡航控制（ACC）系统的控制单元中。出现下列情况时需要调试毫米波雷达：

1）故障码存储器中存储有一个校准故障。

2）曾拆下或曾安装过ACC系统控制单元。

3）安装了新的ACC系统控制单元。

4）引导性故障查询提示试运行。

前部毫米波雷达的功能很大程度上取决于毫米波雷达的精调。因此必须根据说明在测试模块中谨慎地进行调试。在成功调试时必须注意以下事项：

1）车辆前部毫米波雷达不能有损伤。

2）前部毫米波雷达的支架不允许变形。

3）前部毫米波雷达必须正确安装在支架中。

4）不允许通过牌照遮盖前部毫米波雷达。

5）一定要遵守在测试模块中规定的后视镜和前部毫米波雷达之间的距离。

6）车辆在导轨前呈直角。

7）检查轮胎充气压力，如有必要进行校正。

8）拉紧驻车制动器。

9）注意不要对车辆不均加载。

10）去掉轮辋锁圈的盖帽。

11）在安装快速卡具时，注意所有电磁元件必须正确地平放在车轮螺栓上。

12）调节装置后视镜禁止损坏。

13）调节装置后视镜必须干净。

14）借助水平仪和相应的调整螺栓将调节装置后视镜正确放到导轨上。

15）调节装置后视镜必须正确位于导轨上，通过水平仪对齐。

16）注意测试模块中有关调节后视镜的提示。

17）调节过程中绝对不要支撑到车辆上。

18）调试时，在前部毫米波雷达和后视镜之间不允许有人或物体。

19）调试时，在后视镜后部区域内不允许有人或物体。

20）绝对不要直视激光定位器的光源。

一、毫米波雷达调节装置的测量位置前提条件

1. 尺寸要求（图 3-19）

1）校准仪后视镜后部的灵活区域至少是 80cm。

2）校准仪后视镜到车辆的距离是（80 ±5）cm，校准仪后视镜到毫米波雷达的距离是（100 ±5）cm。

3）工作位置的大小总共需要 360cm ×660cm。

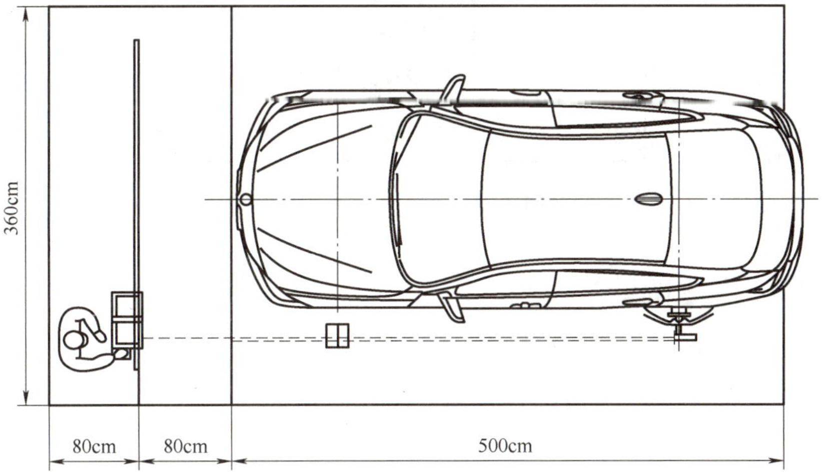

图 3-19　空间尺寸要求

2. 车辆隔板最大的倾斜角度

1）倾斜的隔板最大角度是 3°，如图 3-20a 所示。

2）上升的隔板最大角度是1°，如图3-20b所示。

a)

b)

图3-20　车辆隔板最大的倾斜角度

3. 车辆必须停放水平

如图3-21所示，使用直角测量工具2（直角测量工具长约105mm）和商用标准水准仪3沿行驶方向测量检查支架1是否垂直地面。如有不垂直，更换支架。在安装支架后，再次测量检查。如果位置仍不垂直，那么检查保险杠饰件架梁是否损坏，如有必要更换。

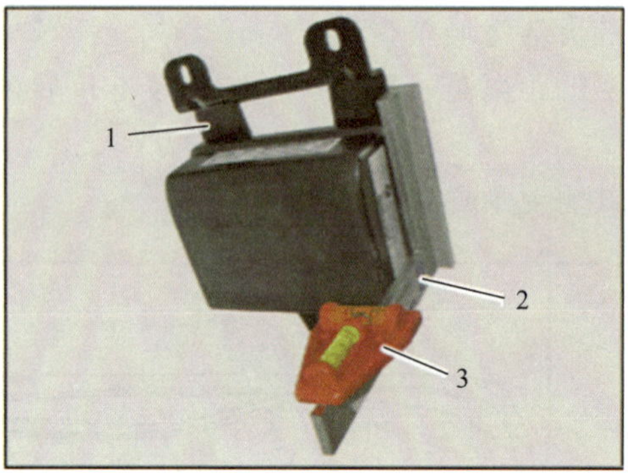

图3-21　测量支架垂直度

二、毫米波雷达调试步骤

1. 将调节装置按照说明书组装起来（图3-22）

⚠ 提示

调整毫米波雷达时连接诊断系统并安装毫米波雷达调节装置。根据诊断系统操作步骤和装置随附的安装操作说明操作毫米波雷达调节装置。

2. 分瓣光圈的调节

将分瓣光圈放置前轮旁（图3-23），将其调至后部车轮中心的高度，并在相应前轮范围内置于激光定位器的光线中。如图3-24所示，激光定位器用卡具装在后轮上，正确调整卡

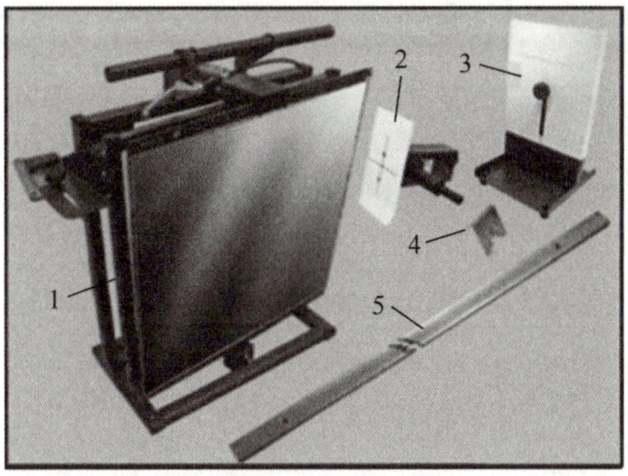

图3-22　调节装置

1—调整装置后视镜　2—轮胎激光器　3—分瓣光圈

4—控制角铁（用于导轨的首次安装）　5—导轨

具上的激光定位器，使激光束穿过分瓣光圈的缝隙投射到后视镜上。用同样的方法调整车辆另一侧。

图3-23　调节分瓣光圈

图3-24　调整激光定位器

⚠ 提示

- 分瓣光圈的高度在调至后部车轮中心后不得更改。
- 对于一些车轮/轮胎组合，分瓣光圈的可调高度不足以将分瓣正确调至车轮中心。在这种情况下，可为分瓣光圈垫上合适的基底。基底必须具备下列特性：基底的高度必须足够；基底的基面必须至少对应分瓣光圈的基准面；必须确保位置牢固；必须使用相同基底在两个车辆侧面上进行调整。

3. 将后视镜定位到导轨上

在将后视镜定位到导轨上后，安装在后视镜上的水平仪必须位于正中间位置。为此使用安装在镜脚上的调节量规（图3-25）来调节。

刻度尺和滚花轮用于镜面的垂直调节。用滚花轮进行垂直调节，并记录刻度（图3-26）。

图3-27所示为正确读取已调整值的示例。此处所示的值不是标准值，只是示例。在这个示例中，后视镜垂直调整值为10.5mm。在诊断系统里

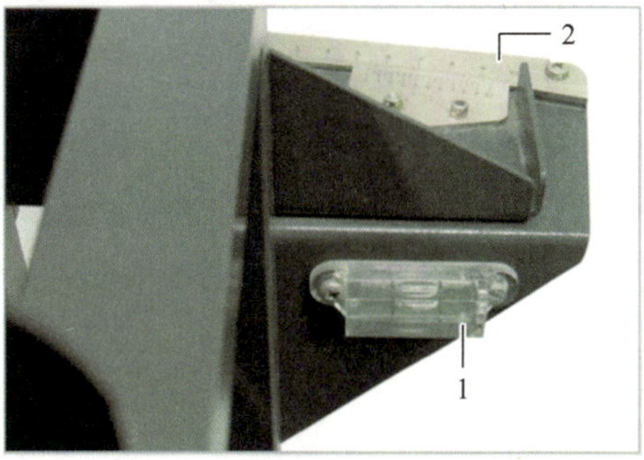

图3-25　后视镜水准仪

1—水准仪　2—用于后视镜水平调节的调节量规

输入读取的值，注意垂直调节量规计量单位为毫米（mm），如有必要，还需转换单位。

图 3-26　后视镜垂直调节装置

后视镜水平调节装置如图 3-28 所示，如图 3-29 所示调整值为 54.5mm 的值。此处所示的值不是标准值，只是示例。在诊断系统里输入读取的值，注意水平调节量规计量单位为厘米（cm），如有必要，还需转换单位。

图 3-27　后视镜垂直调节刻度

1—用于后视镜垂直调节的调节量规［mm］

图 3-28　后视镜水平调节装置

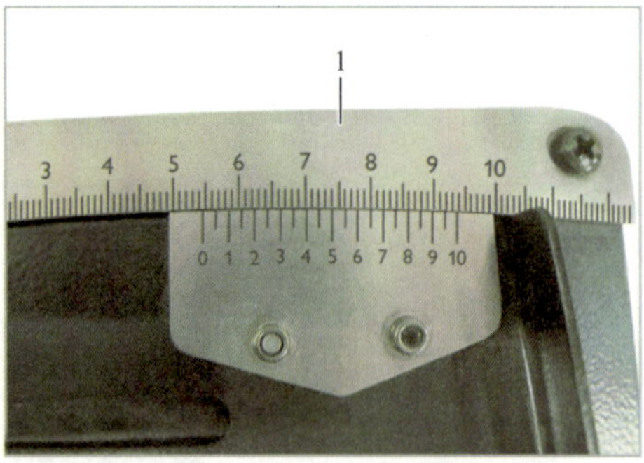

图 3-29　后视镜水平调节刻度值

1—用于后视镜水平调节的调节量规［cm］

如果超出调节范围就可以采用镜面折叠装置（图 3-30）调节，镜面折叠装置用于将镜面向前和向后翻转。图 3-30 中显示处在中间位置上的镜面（镜面从车上向外折叠）。

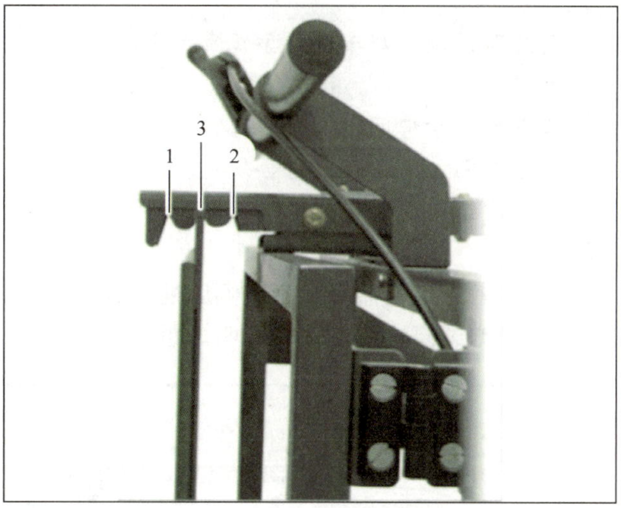

图 3-30　镜面折叠装置

1—后视镜的第一个止动位置　2—后视镜的第二个止动位置　3—后视镜的中间止动位置

4. 正确校准后视镜与毫米波雷达的位置

调整后视镜表面与前部毫米波雷达表面之间的距离时，反射镜必须位于前部毫米波雷达前的中央位置，距离数据如图 3-31 所示。

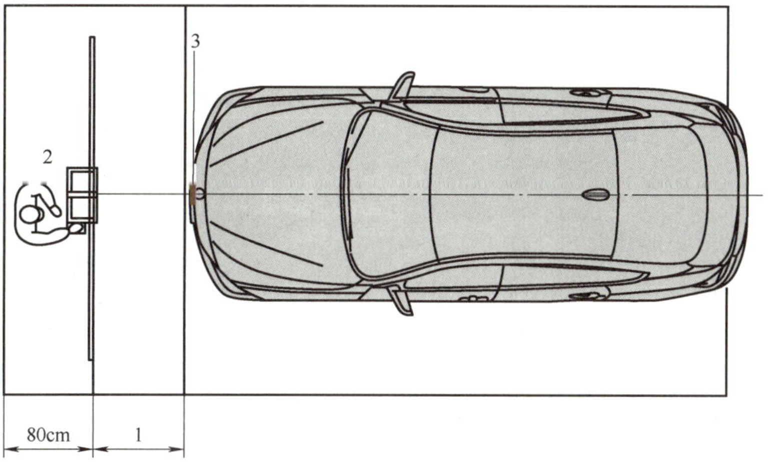

图 3-31　镜面与车辆距离

1—镜面与前部毫米波雷达表面之间的所需距离：（100 ±5） cm　2—调试前部毫米波雷达的后视镜
3—前部毫米波雷达的安装位置：从外部可见的中间位置

为了成功调试，必须注意以下事项：

1）车辆与导轨呈直角。

2）车轮直立。

3）车辆必须均匀装载。

4）轮胎压力符合规定。

5）如果安装了自调标高悬架控制，则车辆处于正常水平。

6）后视镜在中间锁定位置垂直。

7）内置水准器的水准仪刚好位于中间。

8）镜面与前部毫米波雷达表面之间的距离符合规定。

9）在设定镜面与前部毫米波雷达表面之间的正确距离后，必须操作驻车制动器。

5. 车辆左侧后视镜调整

必须通过导轨、分瓣光圈和激光指示器对车辆左侧后视镜进行垂直和水平调整。必须将确定的值输入测试模块中，注意测试模块中的附加说明。距离数据如图3-32所示。

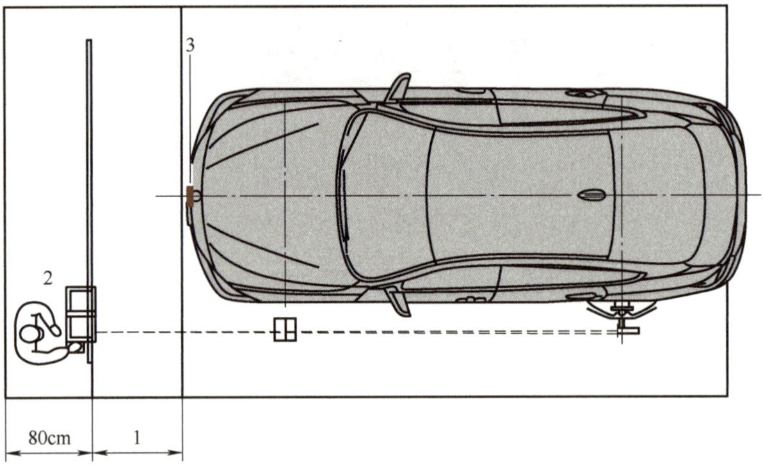

图3-32 车辆左侧后视镜的基本设置

1—镜面与前部毫米波雷达表面之间的所需距离：(100 ±5) cm 2—调试前部毫米波雷达的后视镜

3—前部毫米波雷达的安装位置：从外部可见的中间位置

为了成功调试，必须注意以下事项：

1）将车辆对准。

2）后视镜与中间锁定位置垂直。

3）内置水准器的水准仪刚好位于中间位置。

4）镜面与前部毫米波雷达表面之间的距离符合规定。

5）准确调整后视镜，使被反射的激光束通过分瓣光圈到达激光指示器外壳上的十字中心。

6）后视镜垂直和水平调整的设定值被精确地读取并输入到测试模块中。

6. 车辆右侧后视镜调整

以同样方法调整车辆右侧后视镜的基本设置（图3-33）。

7. 最终定位前部毫米波雷达前面的后视镜

将左右两侧调整的后视镜读数填入诊断系统，由诊断系统算出调整值。将反光镜置于车

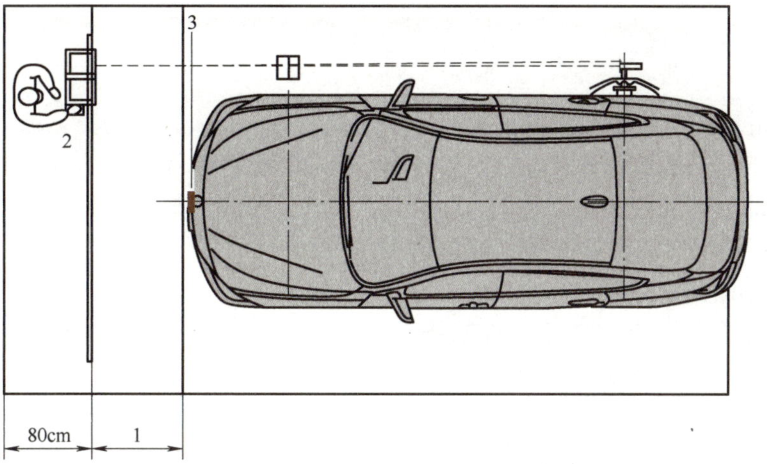

图 3-33　车辆右侧后视镜的基本设置

1—镜面与前部毫米波雷达表面之间的所需距离：(100±5) cm　2—调试前部毫米波雷达的后视镜
3—前部毫米波雷达的安装位置：从外部可见的中间位置

辆正中间，按系统计算值调整反光镜，然后在诊断系统里进行毫米波雷达校准（图 3-34）。

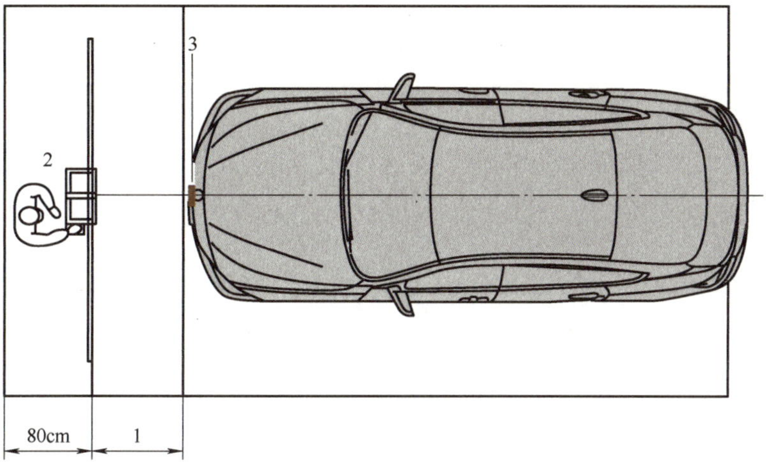

图 3-34　最后校准位置

1—镜面与前部毫米波雷达表面之间的所需距离：(100±5) cm　2—调试前部毫米波雷达的后视镜
3—前部毫米波雷达的安装位置：从外部可见的中间位置

为了成功调试，必须注意以下事项：

1）后视镜在中间锁定位置垂直。

2）内置水准器的水准仪刚好位于中间位置。

3）后视镜正好位于前部毫米波雷达的前中部。

4）后视镜的设置与诊断系统中的确定值完全相同。

5）镜面与前部毫米波雷达表面之间的距离符合规定。

6）借助诊断系统进行前部毫米波雷达校准，为此需注意并遵守诊断系统中的说明。

【知识检测】

1. 毫米波雷达调节装置的测量位置有哪些前提条件？（ ）

A. 车辆前部抬升的最大角度是 3°

B. 车辆后部抬升的最大角度是 3°

C. 车辆前部抬升的最大角度是 1°

D. 车辆后部抬升的最大角度是 1°

2. 出现下列情况时需要调试毫米波雷达。（ ）

A. 故障码存储器中存储有一个校准故障

B. 曾拆下或曾安装过 ACC 系统控制单元

C. 安装了新的 ACC 系统控制单元

D. 引导性故障查询提示试运行

3. 毫米波雷达调整时需要注意的是（ ）。

A. 车辆前部毫米波雷达不能有损伤

B. ACC 系统控制单元的支架不能变形

C. 检查轮胎的空气压力，并在必要时校正

D. 拉紧驻车制动器

任务5　毫米波雷达故障诊断

【学习导入】

一辆行驶里程约6万km的2015年宝马535i轿车。用户反映：该车辆行驶中巡航系统故障警告灯点亮报警，中央信息显示屏提示“巡航控制系统失效!”（图3-35），巡航系统退出工作。对于使用毫米波雷达的巡航系统故障，该怎么诊断呢？

图3-35　巡航系统故障报警

【相关知识】

一、宝马巡航控制（Active Cruise Control，ACC）系统常见故障

大部分宝马车巡航控制系统的控制功能使用的是ACC系统控制单元+ICM控制单元，少部分宝马车使用的是ACC系统控制单元+LDM控制单元，还有一部分是ACC系统控制单元+ICM控制单元+LDM控制单元。由此可知，ACC系统主要与毫米波雷达、ACC系统控制单元（毫米波雷达集成于其内部）、ICM控制单元、LDM控制单元、车速相关，所以宝马车报“巡航控制系统失效”的原因大部分与这些部件相关。毫米波雷达内部装有故障码存储器，当进行诊断时，可以通过集成式底盘管理控制模块读取该故障码存储器的信息。有故障的毫米波雷达必须更换，然后进行校准。下面介绍毫米波雷达的常见故障。

1. 毫米波雷达有污物

如果毫米波雷达天线上有冰、雪或污泥，那么该传感器无法正常工作。若毫米波雷达识别到这些情况，将向集成式底盘管理控制模块发送一个相应信号，随即停用具有停车和起步功能的ACC系统，通过一条专用检查控制信息提示驾驶人注意这种特殊情况。在具有停车和起步功能的毫米波雷达故障码储存器内保存一条故障码记录。

2. 毫米波雷达信号受到外部干扰

其他汽车制造商使用的毫米波雷达可能会对本车毫米波雷达信号造成干扰。当系统识别到这种干扰时就会停用毫米波雷达，相关故障码储存在集成式底盘管理控制模块故障码存储器和毫米波雷达故障码存储器内。当车辆驶离干扰区后，驾驶人可重新启用系统。此类故障不需要维修，而是向客户说明外部干扰原因。

3. 临时故障

故障原因包括通信故障，电压过高或过低，毫米波雷达内部温度过高。当出现这些情况时，应按照诊断系统的“检测计划”进行检查。只有当“检测计划”提出更换要求时，才能更换毫米波雷达。

4. 电子分析装置故障

若毫米波雷达内部的电子分析装置损坏，则更换整个毫米波雷达。

5. 传感器失调

毫米波雷达与集成式底盘管理系统的传感器相互配合，可识别出因发生事故（例如碰撞）而导致的传感器失调问题。当失调计算值超过某一个极限值时，毫米波雷达将被关闭，故障码存储器记录故障原因。排除故障时应遵守诊断系统相关说明和维修说明。

6. 轮速传感器故障

如果报“巡航控制系统失效”的同时，还有诸如DSC、ABS、RPA相关的报警，那很有可能就是轮速传感器工作不良。

温度极低（低于－20℃）时，毫米波雷达可能会延时运行，在这种情况下，可能无法激活ACC功能，这时会在组合仪表中通过“－－－－”显示。还有，对车辆前部区域进行维修时要特别小心，如果保险杠变形或毫米波雷达挡板有划痕，那么传感器功能会受到影响。

二、巡航系统典型故障诊断

一辆行驶里程约6万km的2015年宝马535i轿车。用户反映：该车辆行驶中巡航系统故障警告灯点亮报警，中央信息显示屏提示“巡航系统失效！”

1. 验证故障现象

接车后发现车辆的自动巡航系统故障报警现象当前存在。

2. 故障分析

连接诊断仪进行诊断检测，读取车辆故障存储器中故障内容如下：

- 48003B：ICM毫米波雷达报告故障。
- 482136：毫米波雷达失调。
- 482130：毫米波雷达试运行。

毫米波雷达和ACC系统控制单元是一个部件，这个部件位于前挡板一个可拆卸的格栅后面。作为已知自适应巡航控制的补充，该系统具有Stop和Go功能：

1）通过发动机或制动干预进行距离控制和定速控制，直至进入静止状态。

2）在短暂的停车时间（1～3s）后从静止状态中自动起动。

3）自适应制动辅助系统。

设置速度时，可在30~180km/h范围内选择，在“舒适模式”下以10km/h为步进值或在精细模式下以1km/h为步进值。设置速度显示在组合仪表上（可选择平视显示系统）。毫米波雷达集成在ACC系统控制单元内，其测定区域可至车前200m的距离。ICM控制单元为带有停停走走功能的自适应巡航控制系统承担下列任务：

1）汇总毫米波雷达传送的目标数据。

2）分析目标并选择与定距控制相关的目标。

3）分析操作信号并生成显示信号。

4）调节速度和距离。

5）生成标准值并通过总线输出到驱动装置和制动器的执行器。

6）监控所有输入信号、控制单元（硬件）以及车辆状态是否有故障或不可信的状态。

ACC系统控制单元通过一体式底盘管理系统（ICM）与S-CAN（毫米波雷达CAN）连接。毫米波雷达CAN以500kbit/s的传输速度工作。传感器CAN具有两个均为120Ω的终端电阻。其中一个位于一体式底盘管理系统（ICM）中，另一个集成在ACC系统控制单元中，前部配电器通过总线端KL.15N为ACC系统控制单元供电，控制电路如图3-36所示。

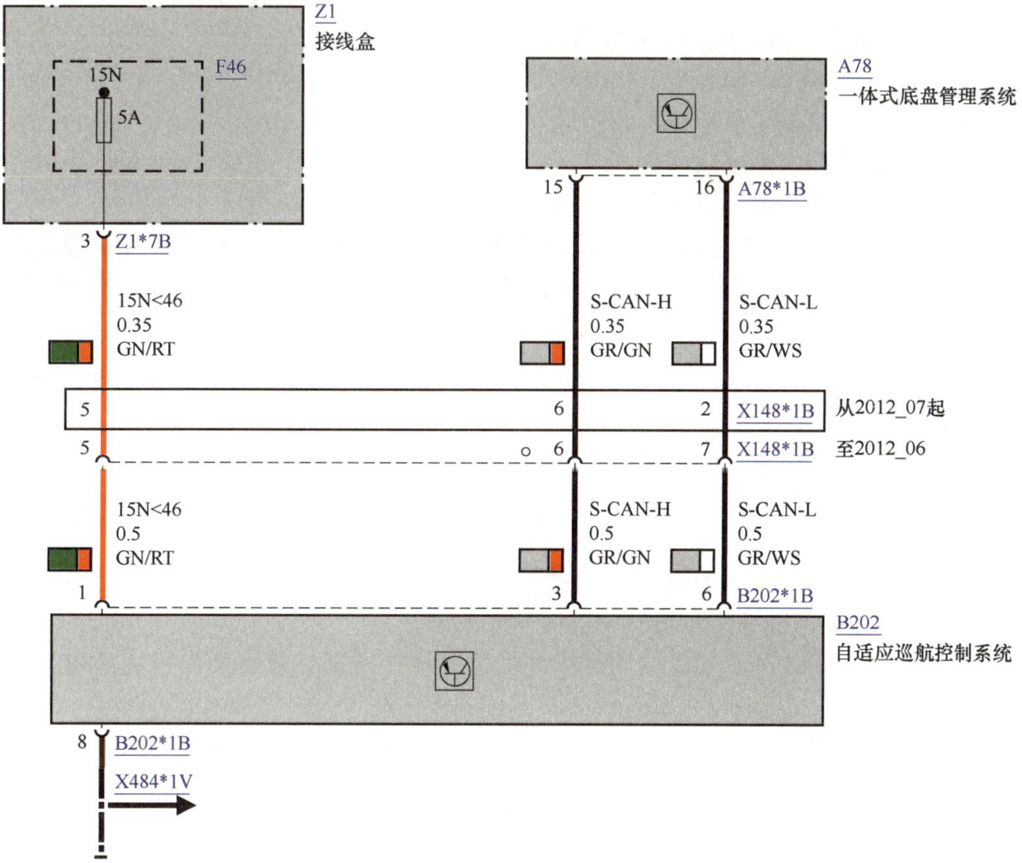

图3-36　ACC系统控制单元控制电路

从电路图上可看出自适应巡航系统的电路很简单，从故障码来看，可以从以下原因分析：

1）毫米波雷达至ICM之间S-CAN总线故障。

2）毫米波雷达故障。

3）毫米波雷达位置错误。

4）毫米波雷达被遮挡。

3. 故障诊断

首先对毫米波雷达进行试运行，通过试运行可以确定是电路通信故障还是毫米波雷达本身故障。所有步骤严格按照要求执行，但多次尝试均在运行毫米波雷达步骤时匹配失败，反复对车辆、匹配工具及毫米波雷达外观进行检查，均未发现问题。怀疑毫米波雷达电路或者毫米波雷达损坏。检查毫米波雷达线束，毫米波雷达供电不用考虑，模块通信正常。检查、测量S-CAN总线是否存在虚接。因为怀疑总线如果存在电阻，或者不明显的故障时，会影响试运行结果，于是测量总线波形，用示波器测量显示波形正常，确认电路上不存在问题。剩下只有两点原因：毫米波雷达本身存在故障和位置错误。

目测检查毫米波雷达的支架并没有明显的变形，所以先更换毫米波雷达，更换后再编程和进行ACC系统试运行，试运行结果失败。现在只有怀疑毫米波雷达位置错误了。

在以下情况下需要调试前部毫米波雷达：

1）故障码存储器中存储有1个校准故障。

2）拆卸并重新安装了前部毫米波雷达。

3）安装了新的前部毫米波雷达。

4）引导性故障查询提示试运行。

因为目测检查毫米波雷达的支架并没有明显的变形，所以进一步拆卸前杠检查，发现车辆前部的确出过大事故，保险杠、保险杠内衬等部件都更换过，有理由相信毫米波雷达的支架存在变形的可能。

最后一边按照规定步骤调整毫米波雷达的支架，调整后再次对ACC系统进行试运行，结果运行成功，故障排除。

三、巡航系统典型故障诊断总结

毫米波雷达排故其实比较简单，因为电路很简单，其诊断步骤一般如下：

1）先试运行，通过试运行确定毫米波雷达是否通信。能通信说明电源和信号没问题，如不能通信，再检查电源并用示波器检查信号线波形。

2）能通信但不能工作，那就说明毫米波雷达存在机械损坏或毫米波雷达被遮挡或者安装位置变形。

3）位置调整需要专用工具，且耗时较多，如果询问车主存在有前部零部件更换，可以直接机内调整，如果车主没提及，调整可放在最后进行。

【知识检测】

1. 毫米波雷达有几根线？（　　）

A. 2根　　B. 3根　　C. 4根　　D. 5根

2. 毫米波雷达分别有哪几根线？（　　）

A. 电源线　　B. 搭铁线　　C. CAN 信号线　　D. 控制线

3. 哪些情况下需要调试前部毫米波雷达？（　　）

A. 故障码存储器中存储有 1 个校准故障

B. 拆卸并重新安装了前部毫米波雷达

C. 引导性故障查询提示试运行

D. 支架变形

4. 为什么前部毫米波雷达位置需要精确？（　　）

A. 探测距离远　　B. 识别精度高　　C. 探测角度广

5. 更换毫米波雷达是否需要编程或设码？（　　）

A. 是　　B. 否

项目 4

激光雷达的装配与调试

激光雷达是以发射激光束来探测目标的位置、速度等特征量的雷达系统。其工作原理是向目标发射探测信号（激光束），然后将接收到的从目标反射回来的信号（目标回波）与发射信号进行比较，做适当处理后，就可获得目标的有关信息，如目标距离、方位、高度、速度、姿态、甚至形状等参数，从而可对飞机、导弹等目标进行探测、跟踪和识别。它由激光发射机、光学接收机、转台和信息处理系统等组成，激光器将电脉冲变成光脉冲发射出去，光接收机再把从目标反射回来的光脉冲还原成电脉冲，送到显示器。激光雷达作为智能汽车的眼睛，对于智能汽车至关重要。

【学习目标】

知识目标（应知）

1. 理解激光雷达的工作原理。
2. 掌握激光雷达的装调步骤。

技能目标（应会）

1. 能够根据需要选用合适的激光雷达。
2. 能够独立装配与调试激光雷达。

任务 1 激光雷达工作原理介绍

【学习导入】

很长一段时间以来，我国的激光雷达技术逊于国外，但是现在我国也有了全球领先的激光雷达技术企业——robosense（速腾聚创），robosense 总部位于深圳，拥有来自全球顶尖企业和科研机构的人才团队，截至 2020 年，全球布局激光雷达相关专利超过 600 项。速腾聚创激光雷达如图 4-1 所示。目前激光雷达在成本和体积上还没有达到大规模应用的水平，要知道其发展瓶颈是什么，就先要了解激光雷达的工作原理。

图 4-1　速腾聚创激光雷达

【相关知识】

激光雷达是利用电磁波探测目标的电子设备，通过发射电磁波对目标进行照射并接收其回波，由此获得目标至电磁波发射点的距离、距离变化率（径向速度）、方位、高度等信息，如图 4-2 所示。

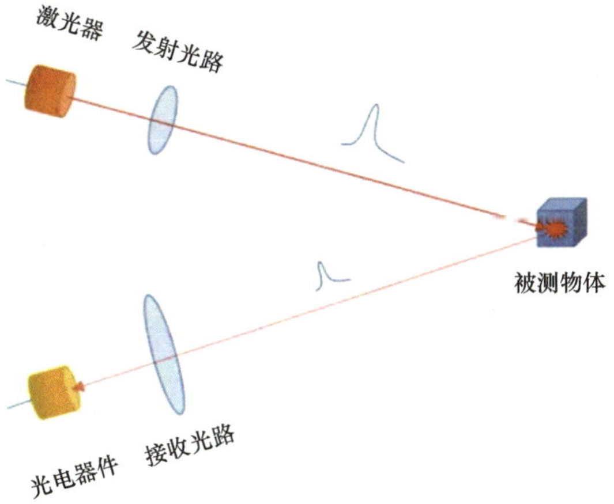

图 4-2　激光雷达工作示意图

想象一下，如果站在一个黑暗的房间里，能感觉到周围环境的唯一方式是伸出棍子触碰物体。首先，径直向前伸出棍子，棍子在伸出 3m 后撞击到一个坚实的物体。然后向右伸出棍子，伸出 2m 后停止。接下来试试左边，有 4m。最后，在后方，棍子伸出了 5m。于是，即使看不到任何东西，也不移动身体，也能获得一些关于房间的信息。如果在不同的方向重复几百或几千次这样的动作（并且记忆力极强），就能够根据物体和距离大致了解屋子的全貌。如果向上或向下倾斜棍子，甚至能够根据轮廓“看到”周围的物体，如椅子和门。这些信息可以产生一个称为“点云”的图像，它是三维坐标系中的一系列点。当拥有足够多的点，就可以生成一个非常完整的基于点云的房间。

激光雷达（LIDAR，“光”和“雷达”的组合词）是一种被设计用于快速构建这些点云的传感器。通过使用光来测量距离，激光雷达能够非常快速地采集样点——每秒高达 150 万个数据点。快速的采样率使得该技术能够部署在自动驾驶车辆等应用上。其工作原理是向目标发射探测信号（激光束），然后将接收到的从目标反射回来的信号（目标回波）与发射信号进行比较，做适当处理后，就可获得目标的有关信息，如目标距离、方位、高度、速度、姿态、甚至形状等参数，从而对飞机、导弹等目标进行探测、跟踪和识别（图 4-3）。激光雷达由激光发射机、光学接收机、转台和信息处理系统等组成，激光器将电脉冲变成光脉冲发射出去，光接收机再把从目标反射回来的光脉冲还原成电脉冲，送到显示器。

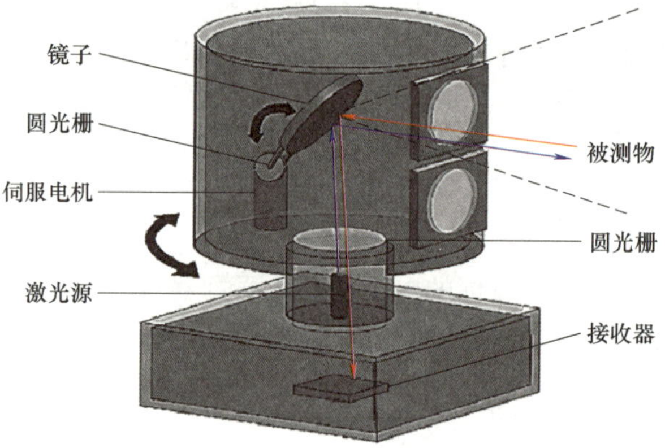

图 4-3　激光雷达工作过程示意图

为了产生完整的点云（图 4-4），传感器必须能够非常快速地对整个环境进行采样。激光雷达能够做到这一点的一种方式是通过在单个发射器/接收器上使用非常高的采样率。每个发射器每秒发射数万或数十万个激光脉冲。这意味着，多达 100000 个激光脉冲在 1s 内完成从激光器单元上的发射器到被测量的物体的往返行程，并返回到激光雷达单元上位于发射器附近的接收器。较大的系统具有多达 64 个这样的发射器/接收器（它被称为“线”）。多线的设置使系统能够每秒产生超过一百万个数据点。然而，64 个固定线不足以映射整个环境——它只是在非常集中的区域给出非常清晰的分辨率。由于光学中所需的精度，制造更多的线是非常昂贵的，因此在线数超过 64 后继续增加线数会使成本急剧增加。因此，许多激光雷达系统使用旋转组件或旋转镜来使线围绕环境进行 360°扫描，常见的策略包括使单个发射器和接收器向上或下偏转使激光器视野覆盖范围更大。例如，Velodyne 的 64 线激光雷达系统具有 26.8°的垂直视角（通过旋转使其拥有 360°的水平视角）。这个激光雷达可以从 50m 开外看到一个 12m 高的物体的顶部。图 4-4 中可以看到，距离激光雷达的远近不同，点云的疏密程度也不相同，这是由于数据保真度随着距离而下降。虽然它不是完美的，但是较高分辨率可用于较近的物体，因为随着到传感器的距离增加，发射器之间的角度会导致这些点带之间的间隔更大。

图 4-4　激光雷达点云

【雷达与激光雷达的区别与联系】

共同点：二者的工作原理及作用基本相同，都是通过向目标发射探测信号（激光束），然后将接收到的从目标反射回来的信号（目标回波）与发射信号进行比较，做适当处理后，获得目标的有关信息，从而对目标进行探测、跟踪和识别。

区别：二者发出的探测信号不一样，激光雷达发出的电磁波波段位于不可视光中的近红光的波段范围内，雷达用的电磁波是波长更长的电磁波段。激光雷达直线性好，亮度高，颜色极纯，能量高，而雷达的探测范围较广，范围大。

一、激光雷达的基本组成及功能

当辐射照射目标时，激光雷达利用目标的反射、折射、散射和透射等所产生的回波辐射进行探测。其基本组成包括发射、接收和信号处理及控制（后置）三部分，以及使三部分协调工作的机构（图 4-5）。

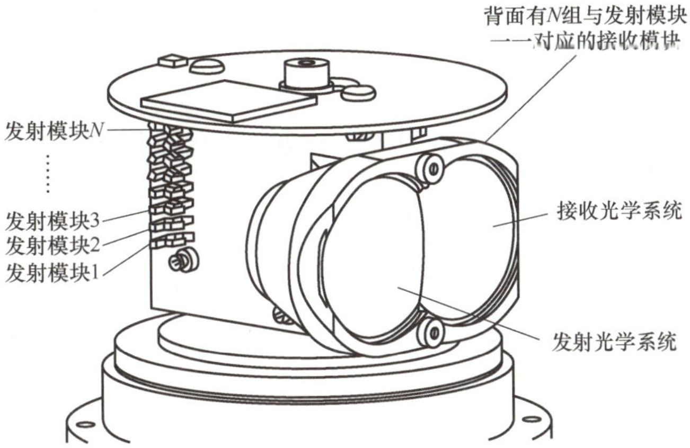

图 4-5　激光雷达组成

1. 发射部分

（1）激光发射器　它由激光器和激光电源等部分组成，并可配上激光调制。激光器经历了 He-Ne 及 CO_2 等气体激光器、YAG 等固体激光器、半导体激光二极管，发展为发光二极管或激光二极管泵浦固体激光器、高亮度高密度矩阵激光二极管等大功率密度或矩阵激光器。

（2）激光调制器　它将发射的激光调制成所需要的波形（连续波或脉冲）和参数（幅度、频率、相位和偏振化，脉幅、脉宽和重复频率）。一般可通过控制激光电源和光束控制机构实现。

（3）光束控制器　它控制激光束在空间的位置、方向及束宽，也可采用矩阵式反射镜、矩阵光栅或矩阵滤光器等微光学系统获得矩阵激光束。激光雷达不断地旋转就能对着周围环境发射出全方位的激光，发射出去的激光线束越多，理论上返回的数据就越多，根据发射出去的激光线数的不同，激光雷达可分为 4 线、8 线、16 线和 64 线。

（4）光学发射天线　光学发射天线又叫发射望远镜，对激光束进行整形和束宽压缩，变成所要求的波形和参数，射向空间，使远处目标获得的照射能量最大。传统的成像激光雷达还要求进行光机扫描等。

2. 接收部分

（1）光学接收天线　光学接收天线又叫接收望远镜，对从目标返回的反射或散射激光信号的能量汇聚，并能校正波阵面，使激光回波进入探测器的光敏面上。它和光学发射天线可以是分置的，也可以是合置的。

（2）光电探测器　将回来的激光信号直接转变为电信号，或者与通过分束器得到的本振光混频，实现外差接收而得到电信号。也可以采用阵列探测器，提高灵敏度，或成像探测。

3. 信号处理及控制部分

（1）信号预处理　前置放大器，先将探测器输出的电信号进行匹配滤波、消噪、信噪比增强和频率、相位及偏振等预处理，再经主放大器放大到一定功率。

（2）信号处理器　将各种信号参量处理为含有距离、速度、角度和目标图像特征的信息，再经过模/数转换器，转变为数字信号，送入计算机或微处理器等主处理器，变为可分析和显示及传输的数据和图像信息。它可以经通信系统传输出去，或经图像处理系统在屏幕上显示，或送入伺服系统。

（3）伺服系统　根据主处理器提供的角度和角速度信息控制激光雷达平台的跟踪架对捕获的目标实现跟踪。

（4）通信系统　将主处理器输出的信号，以无线光通信方式传输到指挥控制中心，或自主发射的弹药等火工品控制器，也可以接收指挥控制中心的有关指令，进行其他操作。

二、激光雷达的工作原理

激光雷达的工作原理是需要测量 A、B 两点间的距离，实际上是要测量光传播的时间 t，根据测量时间方法的不同，激光雷达测距原理可分为：脉冲法测距（直接测）；相位法测距（间接测）；三角测距法。

如果光以速度 c 在空气中传播，在 A、B 两点间往返一次所需时间为 Δt，则 A、B 两点间距离的 L 表示为

$$L=\frac{1}{2}\Delta t \cdot c$$

式中　L——测站点 A、B 两点间距离；

c——光在大气中传播的速度；

Δt——光往返 A、B 两点间一次所需的时间。

1. 脉冲法测距（直接测）

脉冲法就是由激光发射系统发出一个持续时间极短的脉冲激光，经过待测距离 L 之后，被目标物体反射，发射脉冲激光信号被激光接收系统中的光电探测器接收，时间间隔电路通过计算激光发射和回波信号到达之间的时间 t，得出目标物体与发射出的距离 L。脉冲法测距的原理框图如图 4-6 所示。

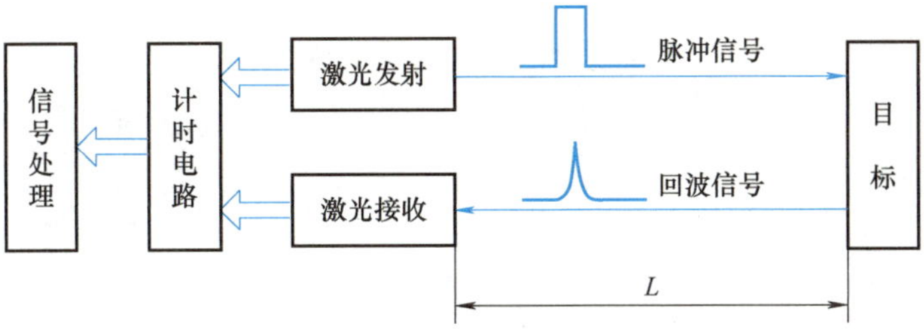

图 4-6　脉冲法测距的原理框图

2. 相位法测距（间接测）

相位法测距是激光雷达用无线电波段的频率，对激光束进行幅度调制并测定调制光往返测线一次所产生的相位延迟，再根据调制光的波长，换算此相位延迟所代表的距离，用间接方法测定出光往返测线所需的时间，最终以光传播的速度与时间相乘得出所测距离。相位法测距的原理框图如图 4-7 所示。

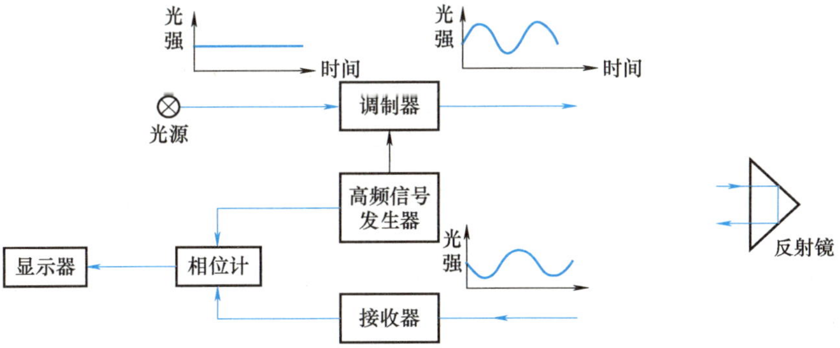

图 4-7　相位法测距的原理框图

3. 三角测距法

如图 4-8 所示，半导体激光器被镜片 1 聚焦到被测物体；反射光被镜片 2 收集，投射到线性 CCD 阵列上；信号处理器通过三角函数计算阵列上的光点位置，从而得到物体 A、B 间的距离。

各测距原理优劣势比较见表 4-1。

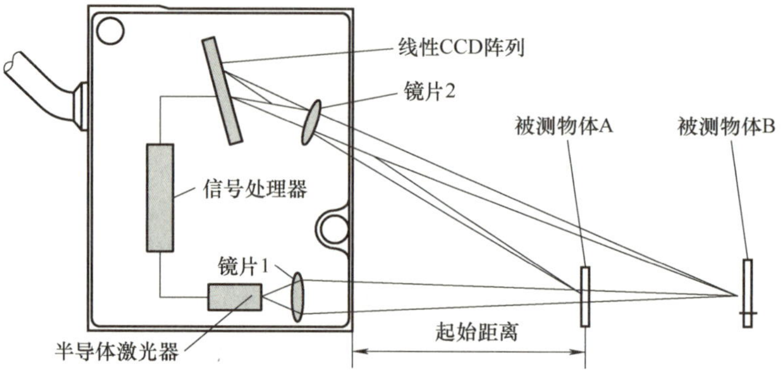

图 4-8　三角测距法基本原理图

表 4-1　各测距原理优劣势比较

方法	优势	劣势
脉冲法	测程远（6km）	精度低
相位法	精度高，采样率高	测程近（100m），无法测定整周相位数
三角测距法	成本较低	分辨率不高

三、激光雷达的特点

1. 一般特点

激光雷达是激光、大气光学、目标和环境特性、雷达、光机电一体化和计算机等技术相结合的产物。它的核心，一个是激光发射系统，其用来发射发散角小、能量集中的激光光束；另一个是激光接收系统，用来探测和接收照射到目标上的发射、散射等回波信号。

激光雷达的基本技术源自微波雷达，二者并无本质区别，原理框图也十分类似，传统雷达是以微波和毫米波为载波的雷达，激光雷达是以激光作为载波，波长比微波和毫米波短得多。

与微波雷达相比，激光的波长比微波短好几个数量级，又有更窄的波束，它的优点是：

1）探测灵敏度和测量分辨率高，多普勒频移大，信息量大，可获得幅度、频率和相位信息，可测速及识别动目标，经过信号处理具有成像能力，可得到运动目标的高分辨率清晰图像。激光雷达可以获得极高的角度、距离和速度分辨率。通常角分辨率不低于 0.1mard。它可以分辨 3km 距离上相距 0.3m 的两个目标，并可同时跟踪多个目标，距离分辨率可达 0.1m，速度分辨率能达到 10m/s。

2）激光雷达的波长短，可以在分子量级上对目标探测，这是微波雷达无法达到的，利用不同的分子对特定波长的激光吸收、散射或荧光特性，可以在分子量级上探测不同的物质成分。

3）能全天候工作，不受白天和黑夜光照的限制；受地面背景和天空背景干扰小；抗干扰能力强，隐蔽性好；激光不受无线电波干扰，能穿透等离子，低仰角工作时，对地面多路径效应不敏感；激光束窄，只有在被照射的那一瞬间，才能被接收，故被截获概率很低。

4）在功能相同的情况下，较微波雷达体积小、重量轻。通常普通微波雷达的体积庞大，整套系统质量数以吨记，天线口径能达几米甚至几十米。而激光雷达就要轻便、灵巧得多，发射望远镜的口径一般只有厘米级，整套系统的质量最小的只有几十公斤，架设、拆收都很简便。

5）低空探测性能好。微波雷达由于存在各种地物回波的影响，低空存在有一定区域的盲区（无法探测的区域）。而对于激光雷达来说，只有被照射的目标才会产生反射，完全不存在地物回波的影响，因此可以“零高度”工作，低空探测性能较微波雷达强了许多。

6）激光雷达波段宽广，重叠性和共用性好，复合性好，集探测、通信一体化，网络融合能力强。

2. 与其他被动光电雷达相比，激光雷达的优点

1）自身具有对目标的照射光源，可全天候工作，不受白天、黑夜的光照条件的限制。

2）激光的光束窄，具有单色性，谱线的线宽窄，有更高的分辨率和灵敏度。具有更强的抗干扰能力，受气象及地面和天空背景的干扰小。

3）可获得幅度、频率和相位信息，信息量大，可用来测速及动目标识别

3. 激光雷达的缺点

早期的激光雷达与微波雷达相比，主要缺点有：

1）激光受大气及气象影响大。大气衰减和恶劣天气会使其作用距离降低，大气湍流会降低激光雷达的测量精度。

2）激光雷达的光速窄和单色性，使其难以搜索和捕获目标。

3）激光功率会限制探测距离的远近。

四、当前无人驾驶汽车激光雷达布置方案

自动驾驶环境感知的技术路线主要有两种：一种是以特斯拉为代表的视觉主导的多传感器融合方案，另一种是以低成本激光雷达为主导的方案，典型代表如谷歌 Waymo（图 4-9）。

图 4-9 谷歌 Waymo

1. 视觉主导（以特斯拉为代表）

以视觉主导的无人驾驶汽车激光雷达布置方案为：

摄像头 + 毫米波雷达 + 超声波雷达 + 低成本激光雷达

摄像头视觉属于被动视觉，受环境光照的影响较大，目标检测相对不可靠，但成本低。目前，特斯拉已经在其量产车上列装了 Autopilot2. 0 固件，而且成本较低，只有 7000 美元左

右，8 个摄像头组成单目环视，有 1 个毫米波雷达和 12 个超声波雷达，可从 L2 级跳跃到L4 级。

2. 激光雷达主导（以谷歌 Waymo 为代表）

以激光雷达主导的无人驾驶激光雷达布置方案为：

低成本激光雷达 + 毫米波雷达 + 超声波传感器 + 摄像头

激光雷达是主动视觉，它的目标检测比较可靠，但是却丢失了颜色和纹理且成本高昂。目前谷歌 Waymo 自己组建团队研发激光雷达的硬件，把成本削减了 90% 以上，基本上在 7000 美元左右，同时已对部分 L2 级别的车进行社会公测，大大地推进了该类技术路线的落地实践。

激光雷达主导的解决方案未来可以沿如下两个方向继续推进商业化进程：一个是发展摄像头与激光雷达的硬件模组，把两者结合起来，既有激光雷达，又有彩色摄像头，可以直接获得彩色激光点云数据。另一个是进一步降低激光雷达的硬件成本，比如研发固态激光雷达并真正实现产业化，届时成本会下降更多。

【知识检测】

一、填空题

1. 激光雷达基本组成包括（　　　　　　　　）、（　　　　　　　　）、（　　　　　　　　）三部分。

2. 激光雷达根据发射出去的激光线数的不同可分为（　　　　）、（　　　　）、（　　　　）、（　　　　）。

3. 发射系统通常由（　　）、（　　）、（　　）、（　　）、（　　）、（　　）、（　　）组成。

4. 激光雷达发出的探测信号是（　　　　　　　　）。

5. 雷达发出的探测信号是（　　　　　　　　）。

6. 当前无人驾驶汽车激光雷达传感器方案主要有（　　）种？

二、简答题

1. 简述激光雷达相比微波雷达有何优点。

____

____

____

2. 简述激光雷达的工作原理。

____

____

____

任务 2　激光雷达的装调

【学习导入】

车载激光雷达（车载 LIDAR）是高等级自动驾驶汽车的核心传感器，越来越多的整车厂将推出搭载激光雷达的辅助/自动驾驶车辆（图 4-10）。2021 年成都车展上，有几款汽车都搭载了激光雷达，如小鹏 P5、蔚来 ET7、ARCFOX 极狐阿尔法 S、广汽埃安、R 汽车 ES33、WEY 摩卡等，以后激光雷达在车辆上的使用会越来越多。激光雷达在安装时需要精确调试，不同品牌的车虽然装调有差异，但基本原理都是一样的。本任务将具体讲解激光雷达的装调。

图 4-10　搭载激光雷达的部分车型

【相关知识】

在车载激光雷达的装调中，需要针对测试指标构建车用激光雷达测试场景，建立标定场、控制点和检测点，通过设置标靶，结合已有的高精度、高置信度测试仪器进行激光雷达标定，通过控制点进行测评指标精度分析，结合检测点进行指标精度对比分析，最后形成指标参数精度的置信描述。比较重要的激光雷达参数包括最大测距、检测距离、分类距离等。

一、激光雷达的安装

激光雷达根据用途可分为测量用激光雷达和避障用激光雷达或两用激光雷达，不同用途的激光雷达安装步骤及部件上有一定的区别。

【安装步骤】

1）首先根据激光雷达抗振动和冲击能力，确定是否需要减振支架（图4-11）。

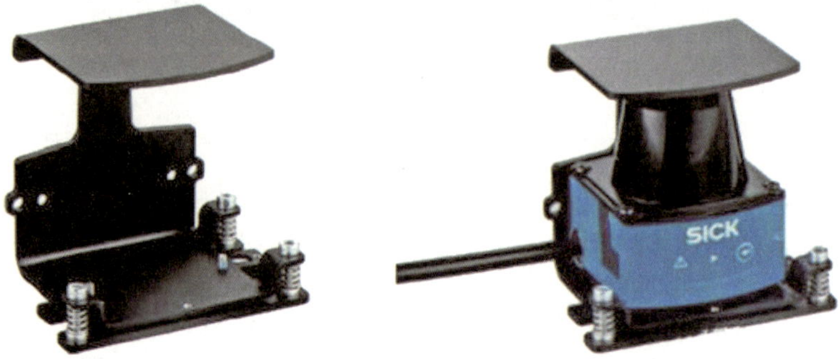

图4-11　支架安装图

2）如果不需要减振支架，使用安装耳按图4-12所示尺寸进行固定。

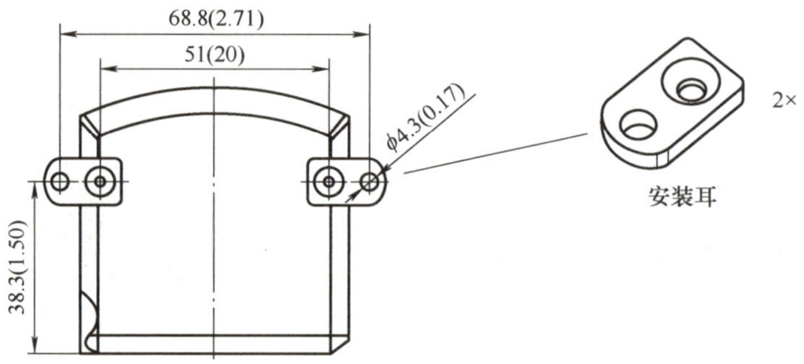

图4-12　安装耳固定

3）如果是避障用激光雷达，要求激光雷达水平朝上倾斜5°左右，以解决高反射物体的探测。

4）如果是测量激光雷达，安装平面尽可能与地面平行，用于提高普通定位精度，因为如果有倾斜角度的话，激光雷达在不同位置探测出来的轮廓会有较大误差，最终影响定位精度。

5）激光头安装的位置距地面要低于200mm，约170mm高度安装位置最佳，这样既可做安全避障，又可以做测量用。

6）根据车身结构的实际情况将激光雷达正装或倒置安装。

【注意事项】

1）对于激光雷达的布置，可以选择车头中间位置或者车的4个对角点，如果布置2个激光雷达在车对角，可以实现车身360°都被激光雷达探测到，从而避障无死角。

2）不同车体上的激光雷达的安装在x、y方向和旋转姿态会有误差，最终导致理论相同的定位点在车体却有不同的位置和姿态，安装完毕后应根据实际情况进行调整。

二、激光雷达的调整

因为激光雷达是否水平对于普通定位精度有较大影响，所以对精度要求较高的车辆，必须在激光雷达安装完成后进行激光雷达的水平调整。

对于激光雷达水平调整的前提是AGV（Automated Guided Vehicle）底盘必须有良好的设计和调校，如果车辆采用弹簧式悬架，而弹簧的刚度选择不合理，则可能导致打滑或运行时万向轮有时着地、有时不着地，从而车身摇晃，这种情况下，则无须再调整激光雷达的水平。

【调整步骤】

1）准备3个与地面到激光扫描点相同高度的标定柱，标定柱上面安装激光接收器。

2）标定柱分布在激光扫描头能扫描到的区域内，离激光雷达的距离为激光雷达最远探测距离的50%，要求标定柱必须与地面垂直。

3）若激光雷达角分辨率不佳，原地旋转AGV直至标定板收到信号。

4）开始微调支架，使所有的标定柱可以收到激光信号。

注意：如果在扫描方向上有高亮反光物体（如垂直于地面的高亮不锈钢面），应该避免激光扫描面完全垂直于该高亮平面（使激光雷达偏斜5°以上即可，如图4-13所示）。

图4-13 激光雷达调整示意图

三、激光雷达与摄像机组合标定

1. 标定准备

标定的软件为Velodyne VLP-32C。

在进行标定之前，需要准备如下硬件。

（1）标定板 规格为A0尺寸的硬纸板（841mm×1189mm）9行7列，如图4-14所示。

图4-14 标定板

（2）已驱动的摄像机和已驱动的激光雷达 可使用Velodyne VLP-32C或者HDL-64。

（3）确定举标定板人的站位及动作 标定板在摄像头下一般有6个站位，每个位置做相同的一组5个动作。5个动作分别为正向、下俯、上仰、左偏、右偏，如图4-15所示。

6个站位分别为：

1）近距离镜头左边（近距离一般为5m）。

2）近距离镜头中间。

3）近距离镜头右边。

4）远距离镜头左边（远距离依照摄像机和激光雷达真实情况而定）。

5）远距离镜头中间。

6）远距离镜头右边。

以上位置和动作的顺序不完全固定，可根据实际情况适当调整。

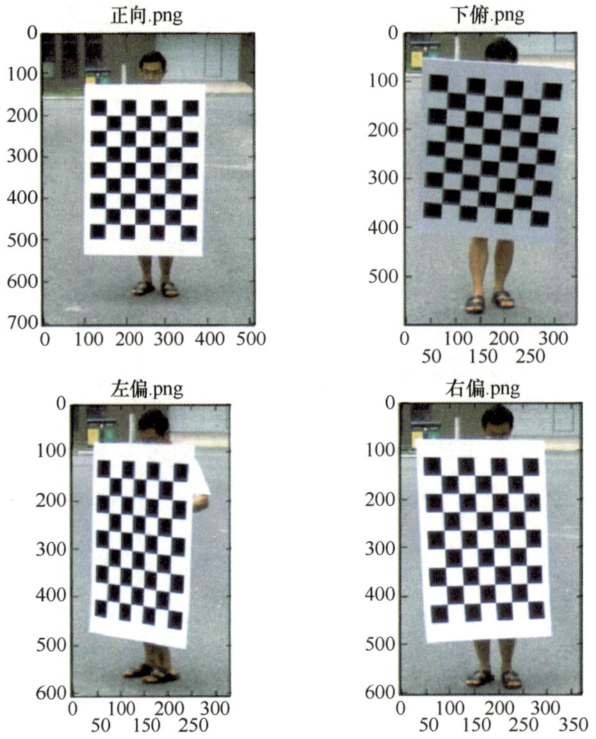

图 4-15　举标定板人的站位及动作示意图

2. 录制标定包

启动 Autoware，打开 ROSBAG，勾选/image_raw 和/velodny_points，start 启动录制，保存。

3. 使用 Calibration Tool Kit 标定

1）加载包。在终端输入：＄rosbag play bagName。bag /velodyne_points：=/points_raw。

加载成功后，立即按空格暂停。

2）配置 Tool Kit。第一个对话框选取话题/image_raw；第二个对话框选取 camera- velodyne。

3）参数设置。

Calibration Tool Kit 打开后：

Pattern Size（m）为 0. 108 和 0. 108。

Pattern Number 为 6 和 8。

如果使用的标定板不是第一步所规定的规格，则根据使用标定板的参数自行调整参数

4）加载配置。参数设置之后关闭 Calibration Tool Kit，重启。

5）加载数据。Calibration Tool Kit 打开后，取消暂停继续运行；当 MainWindow 出现画面后，暂停；调整 MainWindow 中画面位置；然后单击图像，使用键盘上 b 键调浅背景颜色，最后使用键盘上各个功能键调整角度，使得激光雷达图像下可以看到棋盘，

如图 4-16 所示。

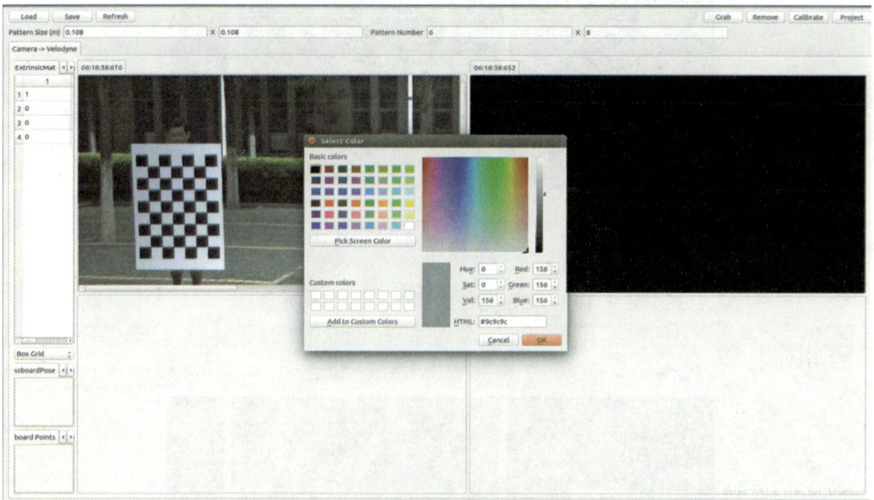

图 4-16　激光雷达图像调整示意图

6）进行标记。运行，当进行到合适位置角度时，暂停，单击 MainWindow 右上角“Grab”，生成下半部分的摄像机和激光雷达信息的两个图像，然后在右下方的图像中找到标定板对应的位置，鼠标左键标记，鼠标右键取消标记，最终效果如图 4-17 所示。

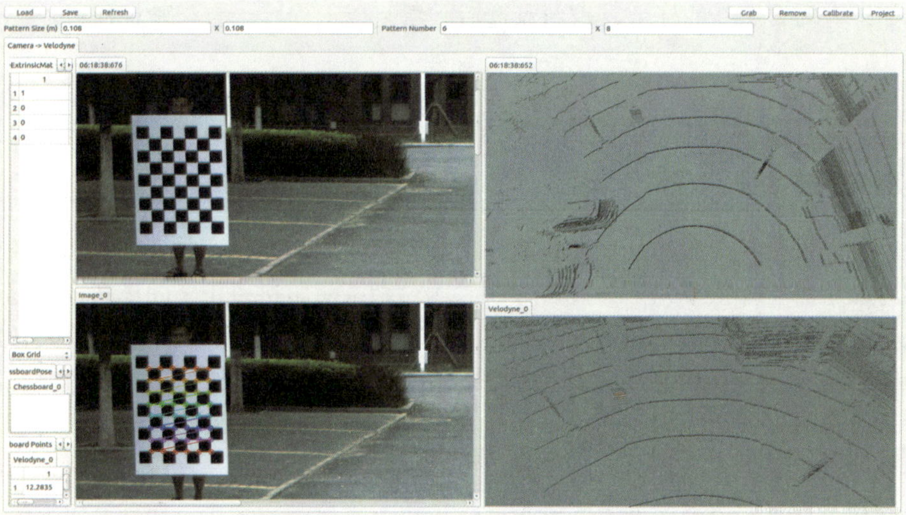

图 4-17　激光雷达标记示意图

7）不断重复 6）内容，直至录像结束。

8）标定计算，单击 MainWindow 右上角“Calibrate”进行计算。

9）验证标定。单击 MainWindow 右上角“Project”进行验证，左下方图像中会出现根据计算结果和激光雷达数据生成的图像对应位置，以红色散点表示。如果散点分布在标定板上，说明标定正确；如果散点不在标定板上，则对右下方激光图像重新点选。

正确情况如图 4-18 所示。

图 4-18　激光雷达正确标定结果示意图

错误情况如图 4-19 所示。

图 4-19　激光雷达错误标定结果示意图

10）如果有需要更新的标记，重新点选后，重复以上内容，直至验证通过。

【知识检测】

一、填空题

1. 避障雷达进行安装时，要求激光雷达水平朝上倾斜（　　）左右。
2. 安装激光雷达时，如果不需要减振支架，使用（　　）、（　　）进行固定。

二、简答题

1. 简述激光雷达的安装流程。

____

____

______________________________。

2. 简述激光雷达的调整流程。

____

____

______________________________。

3. 如何验证激光雷达标定是否成功？

____

____

______________________________。

项目 5

视觉传感器的装配与调试

视觉传感器作为智能汽车很重要的一个传感器，担负着车辆图像识别的重任，目前应用的视觉传感器就是摄像头，就像人眼能看到的物体一样，智能汽车靠摄像头一样能“看到”物体。人类只需一双眼睛就能辨别路况，轻易地驾驶，理论上智能汽车也只需摄像头就行，但是目前技术远没达到人眼的效果，只是部分物体的识别作用，随着技术的进步，视觉传感器的作用将会越来越重要，本项目主要是让大家了解视觉传感器原理并掌握装配调试步骤及注意事项，以及了解视觉传感器的典型故障诊断方法。

【学习目标】

知识目标（应知）

1. 了解视觉传感器的工作原理。
2. 掌握典型车型的视觉传感器的装配调试步骤。
3. 掌握视觉传感器的典型故障诊断方法。

技能目标（应会）

1. 能分辨出车辆不同视觉传感器的功能。
2. 能正确完成视觉传感器的装配调试。
3. 能独立完成视觉传感器的典型故障排除。

任务1　视觉传感器工作原理介绍

【学习导入】

小鹏汽车是我国造车新势力品牌，其智能驾驶技术有不少创新之处。图5-1所示的小鹏G3汽车有个最大的亮点就是位于车顶的摄像头。它不仅能拍照、摄像，还能图像识别，甚至在车速不超过30km/h的情况下，还能360°无死角地捕捉影像。摄像头也是作为智能汽车的主要传感器，在智能汽车上称视觉传感器，汽车要识别图像就要靠视觉传感器，那么视觉传感器是如何看得见物体的？学习完此任务的内容，就可以知道其中的奥秘了！

图5-1　小鹏G3车型

【相关知识】

一、生物视觉和机器视觉

要了解视觉传感器的工作原理就先从生物视觉功能了解开始。生物视觉建立在生物组织、器官的基础上。环境场景通过成像器官（眼睛）成像，视觉神经感受到亮度信号，形成神经脉动，进而传输至中枢神经系统（大脑），上述路径构成视觉通路。生物视觉系统是一个结构复杂、功能强大、高度智能的信息系统。

机器视觉就是用机器代替人眼来做测量和判断。机器视觉系统是通过机器视觉产品（即图像摄取装置，分CMOS和CCD两种）将被摄取目标转换成图像信号，传送给专用的图像处理系统，得到被摄目标的形态信息，根据像素分布和亮度、颜色等信息，转变成数字化信号；图像系统对这些信号进行各种运算来抽取目标的特征，进而根据判别的结果来控制现场的设备动作。机器视觉是一项综合技术，包括图像处理、机械工程技术、控制、电光源照明、光学成像、传感器、模拟与数字视频技术、计算机软硬件技术（图像增强和分析算法、图像卡、I/O 卡等)。一个典型的机器视觉系统包括光源系统、图像捕捉模块、图像数字化模块、数字图像处理模块、智能判断决策模块和机械控制执行模块，具体设备如图 5-2 所示。

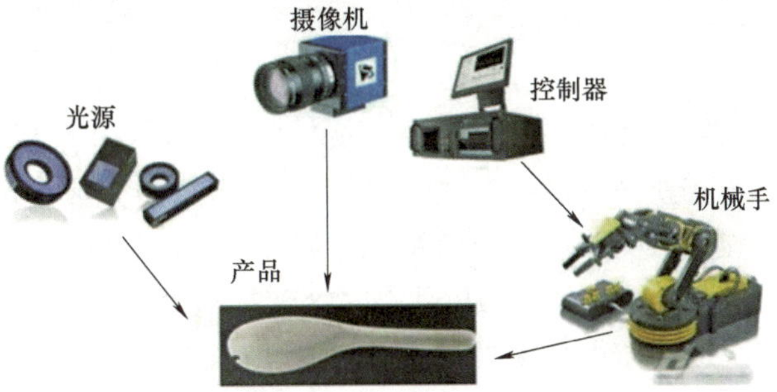

图 5-2 机器视觉系统组成

从图中看出机器视觉系统并不是只要摄像机就可以了，机器视觉系统最重要的是图像识别系统，就像生物视觉一样，眼睛只是单纯的看到物体，但是要识别物体，判断物体大小远近就需要大脑了，所以机器视觉系统最核心的是图像识别系统，只有识别出想要知道的东西，才能把信号传给其他系统，比如转向系统和制动系统。人类视觉与机器视觉的比较见表 5-1。

表 5-1 人类视觉与机器视觉的比较

参数	人类视觉	机器视觉
适应性	适应性强，可在复杂及变化的环境中识别目标	适应性差，容易受复杂背景及环境变化的影响
智能	具有高级智能，可运用逻辑分析及推理能力识别变化的目标，并能总结规律	虽然可利用人工智能及神经网络技术，但智能很差，不能很好地识别变化的目标
彩色识别能力	对色彩的分辨能力强，但容易受人的心理影响，不能量化	受硬件条件的制约，目前一般的图像采集系统对色彩的分辨能力较差，但具有可量化的优点
灰度分辨力	差，一般只能分辨 64 个灰度级	强，目前一般使用 256 灰度级，采集系统可具有 10bit、12bit、16bit 等灰度级
空间分辨力	分辨率较差，不能观看微小的目标	目前有 4K×4K 的面阵摄像机和 8K 的线阵摄像机，通过备置各种光学镜头，可以观测小到微米、大到天体的目标
速度	0.1s 的视觉暂留使人眼无法看清较快速运动的目标	快门时间可达到 10μs 左右，高速相机帧率可达到1000f/s 以上，处理器的速度越来越快
感光范围	400～750nm 范围的可见光	从紫外到红外的较宽光谱范围，另外有 X 光等特殊摄像机
环境要求	对环境温度、湿度的适应性差，另外有许多场合对人有损害	对环境适应性强，另外可加防护装置
观测精度	精度低，无法量化	精度高，可到 μm 级，易量化
其他	主观性，受心理影响，易疲劳	客观性，可连续工作

二、视觉传感器的原理

视觉传感器主要种类有 CCD 传感器和 CMOS 传感器两种。其核心指标是分辨率和感光灵敏度。

1. CCD 传感器

（1）CCD 传感器的定义　CCD（Charged Coupled Device）传感器（图 5-3）即电子耦合组件传感器，它是像传统相机的底片一样的感光系统，是感应光线的电路装置，可以将它想象成一颗颗微小的感应粒子，铺满在光学镜头后方，当光线与图像从镜头透过、投射到 CCD 表面时，CCD 就会产生电流，将感应到的内容转换成数码资料储存在相机内部的闪速存储器或内置硬盘卡内。CCD 像素数目越多、单一像素尺寸越大，收集到的图像就会越清晰。

图 5-3　CCD 传感器

（2）CCD 传感器的组成及工作原理　CCD 传感器是一种特殊的半导体材料，由大量感光元件组成，一般按照矩阵形式排列。每一个感光元件由一个光电二极管和控制相邻电荷的存储单元组成，光电管用来捕捉光子，并将光子转化成电子，收集到的光线越强产生的电子数量就越多，电子信号越强就越容易被记录而越不容易丢失，图像细节就越丰富。

目前，CCD 传感器的种类有很多，其中面阵型 CCD 传感器是主要应用在数码相机中。它是由许多单个光电二极管组成的阵列，整体呈正方形，然后像砌砖一样将这些光电二极管砌成阵列（图 5-4）来组成可以输出一定解析度图像的 CCD 传感器。

CCD 传感器的成像原理是使用光电二极管将光线转换为电荷，当拍摄者对焦完毕按下快门的时候，光线通过打开的快门（目前消费级数码相机基本都是采用电子快门）透过马赛克色块射入在 CCD 传感器上，光电二极管在接收光子的撞击后释放电子，所产生电子的数目与该光电二极管感应到的光成正比。

当本次曝光结束之后，每个光电二极管上含有不同数量的电子，而在显示器上面看到的数码图像就是通过电子数量的多少来进行表示和储存的，然后控制电路从 CCD 中读取图像，进行红（R）、绿（G）和蓝（B）三原色合成，并且放大并将其数字化，这些数字信号被存入数码相机的缓存内，最后写入相机的移动存储介质完成数码相片的拍摄。

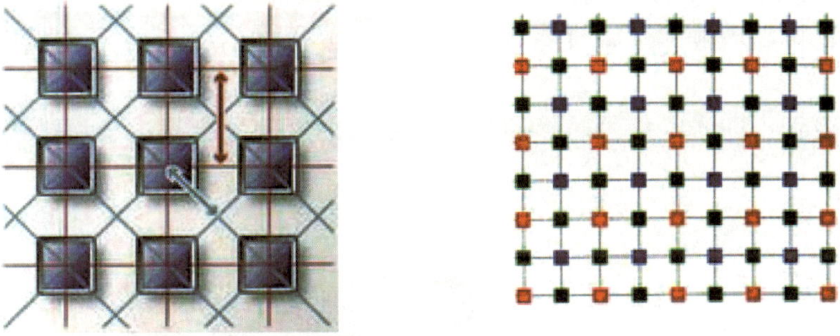

图5-4 CCD传感器光电二极管阵列

(3) CCD传感器的优点

1) 高解析度：像点的大小为μm级，可感测及识别精细物体，提高影像品质。

2) 低杂讯、高敏感度：CCD传感器能读出很低的杂讯和暗电流杂讯，因此提高了信噪比（SNR），同时又具有高敏感度，很低光度的入射光也能侦测到，其讯号不会被掩盖，使CCD传感器的应用较不受天候拘束。

3) 动态范围广：同时侦测及分辨强光和弱光，提高系统环境的使用范围，不因亮度差异大而造成信号反差现象。

4) 良好的线性特性曲线：入射光源强度和输出讯号大小成良好的正比关系，物体资讯不致损失，降低信号补偿处理成本。

5) 光谱响应广：能检测很宽波长范围的光，增加系统使用弹性，扩大系统应用领域。

6) 低影像失真：使用CCD传感器，其影像处理不会有失真的情形，能使原物体资讯忠实地反映出来。

7) 体积小、重量轻：CCD传感器具备体积小且重量轻的特性，因此，可容易地装置在人造卫星及各式导航系统上。

8) 低耗电力，不受强电磁场影响。

2. CMOS传感器

CMOS（Complementary Metal Oxide Semiconductor）传感器即互补金属氧化物半导体传感器，它是一种用传统的芯片工艺方法将光敏元件、放大器、A/D转换器、存储器、数字信号处理器和计算机接口电路等集成在一块硅片上的图像传感器件。利用的是光电二极管的半导体光生伏特效应。当光子入射到PN结形成的耗尽层内时，PN结内的原子吸收光子能量，并产生本征吸收，激发出电子-空穴对，在耗尽区内建电场的作用下，空穴被拉到P区，电子被拉到N区，形成反向电流即光电流。简而言之，CMOS传感器和CCD传感器在光检测方面都是基于硅的光电效应。每个像素的功能是将感受到的光转换为电信号，通过读出电路转为数字化信号，从而完成现实场景数字化的过程。CMOS传感器像素阵列中的每个像素结构是一样的，图5-5所示是典型的前照式像素结构，其主要结构包括：

1) 微透镜：该结构可以理解为在感光元件上覆盖的一层微透镜阵列，它用来将光线聚集在像素感光区的开口上。可以增加光电转化效率，减少相邻像素之间的光信号串扰。

2) 彩色滤光片：该结构是一个滤光片，包括红/绿/蓝三种，分别只能透过红色、绿色、蓝色对应波长的光线。该滤光片结构的存在，使得每个像素只能感应一种颜色，另外的两种颜色分别需要通过相邻像素插值得到，即 demosaic 算法。

3）金属区：可以理解为金属排线，用于读出感光区的信号（其实就是像素内部的读出电路）。

4）光电二极管：即光电信号转换器，其转换出的电信号会经过金属排线读出。

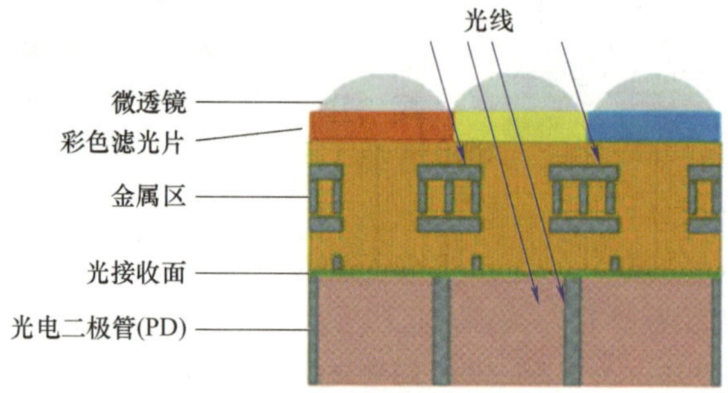

图 5-5　CMOS 传感器前照式像素结构

CMOS 传感器的光电信息转换功能与 CCD 传感器的基本相似，区别就在于这两种传感器的光电转换后的信息传送的方式不同，当然两种传感器存在不同优点，随着技术的进步 CMOS 传感器的优势愈加明显，CCD 传感器则慢慢会退出历史舞台。CCD 传感器与 CMOS 传感器比较见表 5-2。

表 5-2　CCD 传感器与 CMOS 传感器比较

类型	CCD 传感器	CMOS 传感器
特点	串行处理	并行处理
	光线灵敏度高，图像对比度高	光线灵敏度低，图像对比度低，高动态范围
	低噪声	存在固定模式噪声
	集成度较低	高集成度，芯片上集成了很多功能
	取图速度慢，帧率低	取图速度快，帧率高
	功耗一般	功耗较低
	成本较高	成本低

三、视觉传感器的应用

1. 基于视觉传感器的驾驶人辅助系统

基于视觉传感器的系统技术上可利用车内后视镜中的视觉传感器和一个控制单元来实现。基于视觉传感器的驾驶人辅助系统的最重要显示功能如图 5-6 所示。

2. 系统的基本功能

（1）市区行驶时避免事故　立体视觉传感器检测车辆前方区域，借助图像处理技术识别视野范围内的所有车辆，包括静止目标，基于计算出的位置、距离和相对速度发出警告或进行制动。

这项功能可警告驾驶人周围存在危险的行驶情况，遇到危险时，若速度在 3 ~ 60km/h 之间时可自动进行制动，因此可以降低事故发生率，该功能在日间和夜间都可使用。

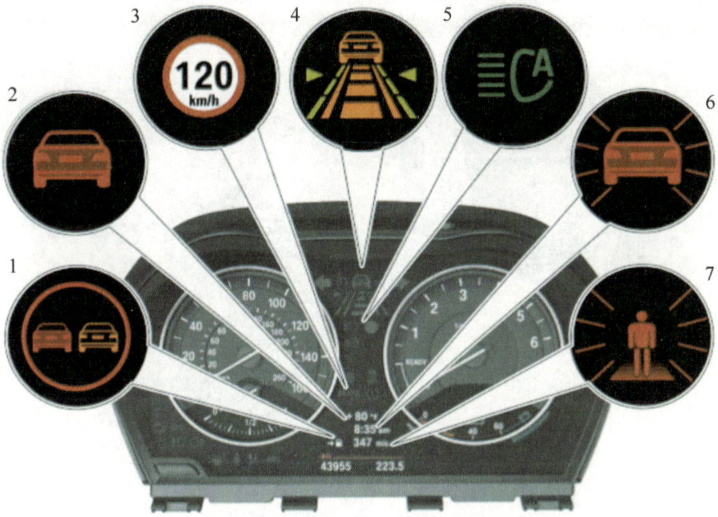

图 5-6 仪表显示示例图

1—交通标志识别禁止超车显示 2—跟随行驶报警显示 3—速度限制显示 4—车道偏离报警装置显示 5—远光灯辅助显示 6—市区行驶时避免事故显示 7—预防性行人保护显示

(2) 预防性行人保护 视觉传感器可探测车辆前方区域，借助图像处理技术识别行人，基于计算出的位置、距离和相对速度发出警告或进行制动，这项功能警告驾驶人可能存在10～60km/h之间的碰撞，因此能减少或避免发生事故。该功能只能在日间使用。

(3) 车道偏离报警装置 车道偏离报警装置报警的前提条件是识别到车道并符合规定的行驶速度，这时系统原则上已做好报警准备。在面临越过车道的危险时，该系统通过转向盘振动向驾驶人报警。系统根据一个或两个识别到的车道，首先计算出车辆相对于这些车道的位置。利用偏航角速度和行驶速度计算越过某一个行驶轨迹的剩余时间，在越过标记前及时发出警告。

(4) 远光灯辅助 立体视觉传感器可监控车辆前方区域的光源。视觉传感器在运行时拍摄的光亮点、光色和光强度都由控制单元进行分析。在分析后，控制单元发送一个接通或关闭建议。在提出接通或关闭建议时也会考虑行驶速度。如果速度低于30km/h，则关闭远光灯。如果速度大于40km/h，则根据所有其他参数接通远光灯。如果车辆处在一个照明充分的环境中，则不接通远光灯。

(5) 交通标志识别 将当前的速度限制显示到组合仪表或平视显示系统中。交通标志识别以此为驾驶人提供帮助，避免车速超标。速度限制的显示基于导航系统的数据和立体视觉传感器的图像数据来分析。

(6) 跟随行驶报警 它是一种基于视觉传感器的技术，在速度大于15km/h后，可在车辆的后视镜上输出警告。

3. 系统组成部件

(1) 驾驶人辅助系统操作按钮 用驾驶人辅助系统操作设备上的按钮接通和关闭车道偏离报警装置和跟随行驶报警。驾驶人辅助系统操作按钮位于中央控制台内警示闪烁开关处。如果系统中存在故障，则在按下按钮后（图5-7），功能照明仍会保持关闭，驾驶人于是识别到车道偏离报警装置不可用。

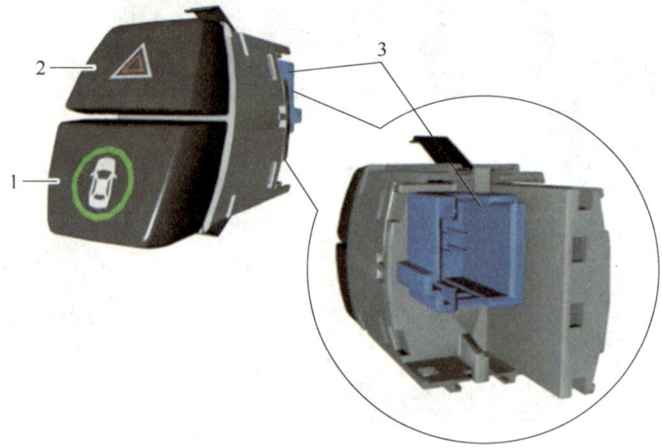

图 5-7 驾驶人辅助系统操作按钮

1—驾驶人辅助系统操作按钮 2—闪烁报警按钮 3—6 芯插头连接

（2）带立体视觉传感器的控制单元 控制单元（图 5-8）安装在车顶功能中心前方的车顶衬里。立体视觉传感器内置于控制单元内。从立体摄像头中所摄取的光亮点、光亮颜色和光亮强度都将由控制单元进行分析。

立体视觉传感器监控车辆前部区域，可拍摄车辆前方不超过 40m 和车辆左右不超过 5m 的车道。控制单元用来分析图像数据。

立体视觉传感器具有 2 个透镜。由此可以拍摄三维图像，可识别下列内容：

1）对象（车辆，行人，通用对象）。

2）车辆前方的自由空间。

3）预览道路走向。

4）车道标记。

5）交通标志。

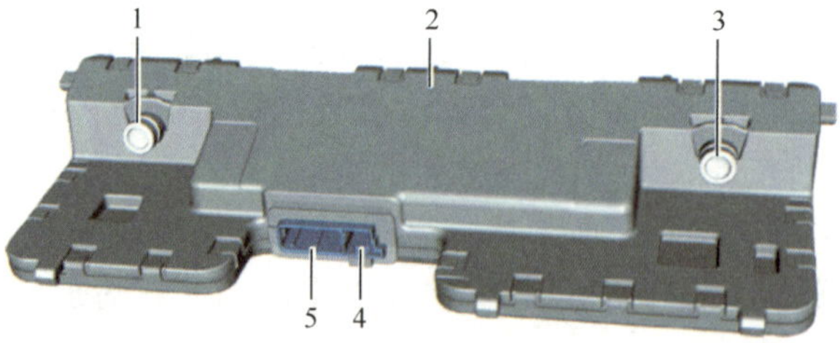

图 5-8 控制单元位置

1—立体视觉传感器左侧透镜 2—控制单元 3—立体视觉传感器右侧透镜 4—2 芯插头连接 5—14 芯插头连接

立体视觉传感器（图 5-9）的两个检视窗以黑色遮盖，其加热装置集成在遮盖部分内。加热装置能防止摄像头前的风窗玻璃蒙雾和结冰，这样就能在寒冷天气情况下提高视觉传感器的可靠性。

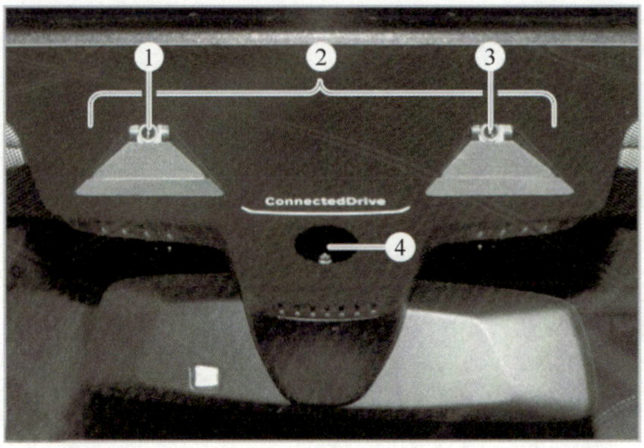

图5-9　立体视觉传感器实物

1—立体视觉传感器左侧检视窗　2—遮盖区域　3—立体视觉传感器右侧检视窗　4—光照传感器

【大国风采】

海康威视是目前全球最大的监控设备制造商、占有全球22.6%的市场份额。一家靠卖摄像头的企业能做得这么大吗？当然不是，那么，海康的产品是什么？是为客户提供的一套完整的解决方案，以摄像头为终端，将摄像头AI化、高清化、大数据服务、配合AI Cloud平台，应用了各种计算技术等，这和智能汽车上的视觉传感器是一个方向，即识别事物、发现问题、解决问题。视觉传感器的应用范围非常广，有志于这方面发展的同学前景十分广阔。

【知识检测】

1. CCD传感器和CMOS传感器都是利用的光电二极管？（　　）

A. 是　　B. 否

2. CCD传感器和CMOS传感器的主要不同点是？（　　）

A. 光电元件不同　　B. 信息传送方式不同

C. 光电原件大小不同

3. 视觉传感器的分辨率会影响哪些地方？（　　）

A. 数据分析速度　　B. 数据存储速度

C. 影像的清晰度　　D. 影像的色彩

4. 视觉传感器的光电灵敏度会影响哪些地方？（　　）

A. 数据分析速度　　B. 数据存储速度

C. 低光照下影像的清晰度　　D. 影像的色彩

5. CMOS传感器应用越来越广泛？（　　）

A. 是　　B. 否

任务2　视觉传感器的装调

【学习导入】

某车主的车前风窗玻璃上的KAFAS视觉传感器（图5-10）坏了，需要更换。部件看似很简单，但是外观并无一颗螺栓，想拆卸却无从下手，此任务就来介绍KAFAS视觉传感器的装配和调试。

图5-10　KAFAS视觉传感器

【相关知识】

一、视觉传感器装配前的注意事项

1）拆装之前注意静电放电。

2）直至安装前，电气组件的原包装不得损坏。如需寄回，也只允许使用原包装。已拆卸的部件应立即进行包装。

3）注意关于使用相应专用工具的用户提示。

4）只能接触电气元件的壳体。不得直接接触针脚和插座！

5）穿上绝缘服和防静电鞋（带ESD标志）。

6）KAFAS摄像头的加热装置集成在风窗玻璃中。如果加热装置损坏，必须替换风窗玻璃。

二、视觉传感器的装配与调整

视觉传感器的装配与调整步骤见表5-3。

表 5-3　视觉传感器的装配与调整步骤

序号	步骤	图例
1	将标记区域内的盖板①稍稍向上按压，并向后从卡子②中松脱	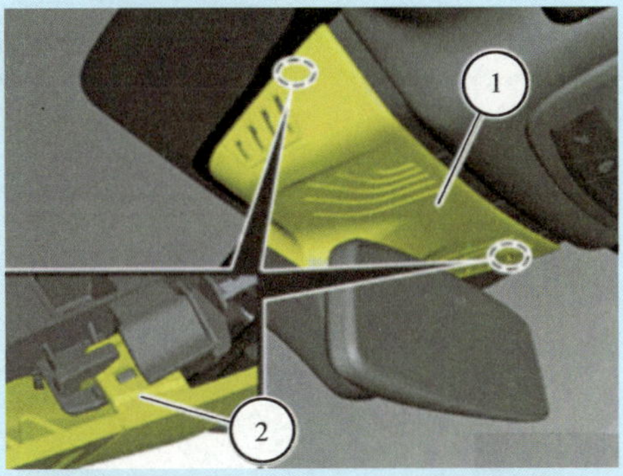
2	1）将盖板①向上从盖板③中脱开 2）将盖板①从镜脚②中抽出	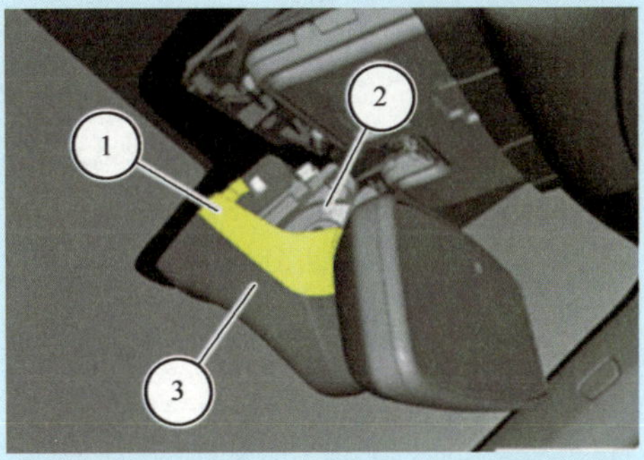
3	1）将卡子①稍微抬起到车内后视镜两侧 2）向下抽出盖板②	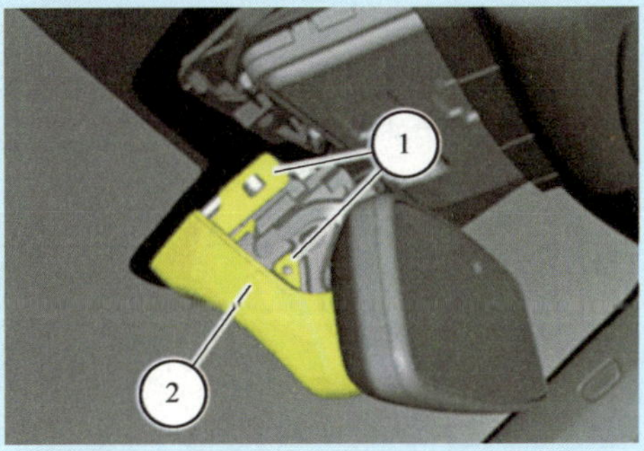
4	注意：只能在温度为 18～23℃之间时执行工作 1）解除联锁并脱开插头① 2）将车内后视镜②猛然地沿箭头方向从镜脚③上拔下	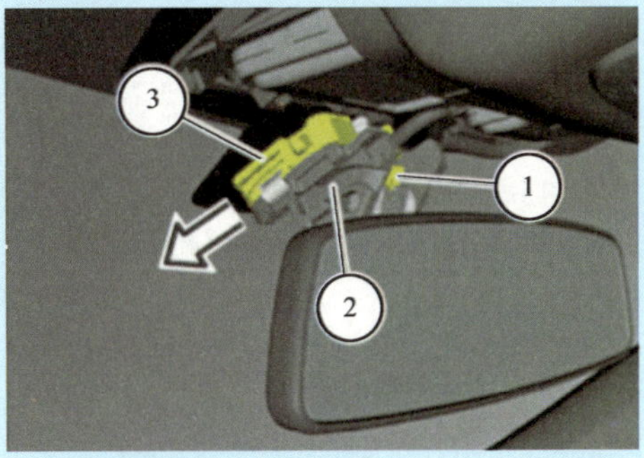

（续）

序号	步骤	图例
5	1）将插头①解除联锁并脱开 2）将 KAFAS 摄像头②沿箭头方向移动并从标记区域中的卡子中松开，这时就拆下 KAFAS 摄像头了	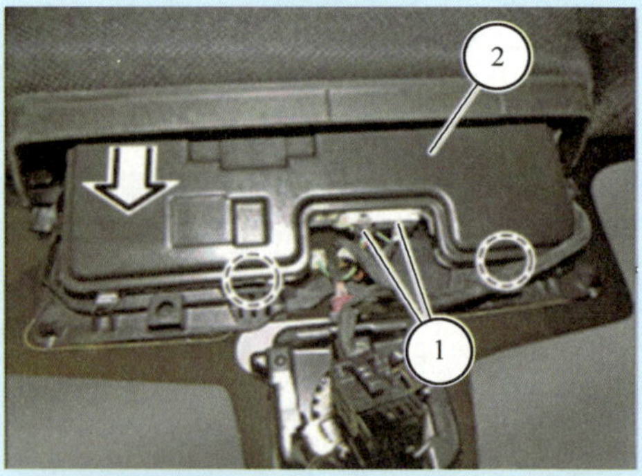
6	1）安装时，将 KAFAS 摄像头②沿箭头方向移动并嵌入标记区域的卡子中 2）定位并连接插头①	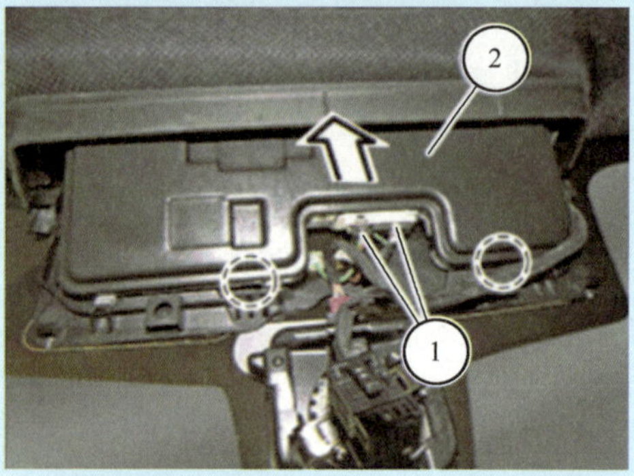
7	1）检查车内后视镜②两边夹子①是否损坏 2）将车内后视镜②放在镜脚③上，并沿箭头方向向上推动 3）检查车内后视镜②在镜脚③上的正确安装位置 4）连接插头④	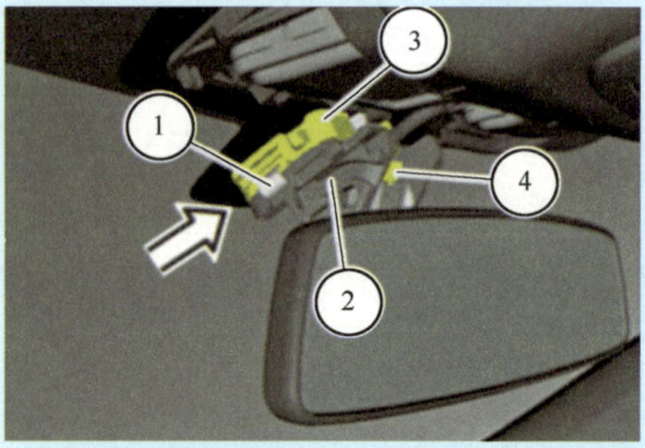
8	1）从下方穿入盖板② 2）嵌入车内后视镜两侧的卡子①	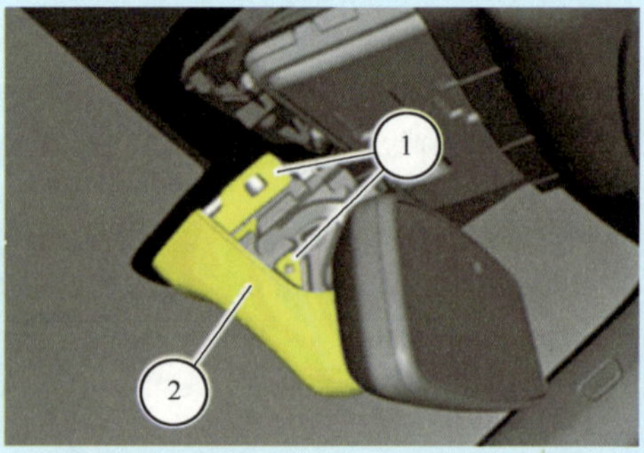

（续）

序号	步骤	图例
9	1）从后部在镜脚②上穿入盖板① 2）将盖板①嵌入盖板③	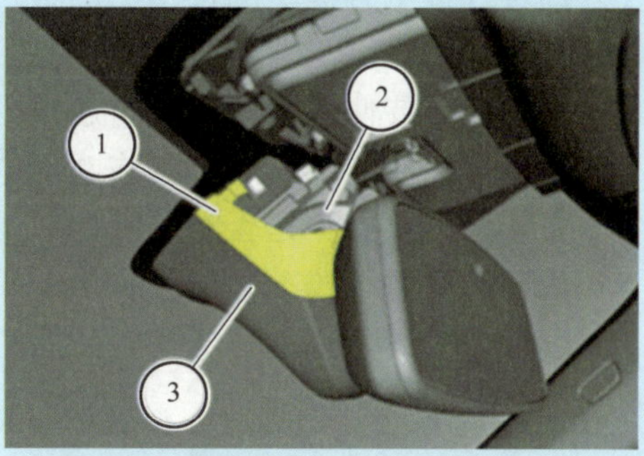
10	1）从后方穿入盖板① 2）将盖板①嵌入卡止件②并且嵌入镜脚的盖板中	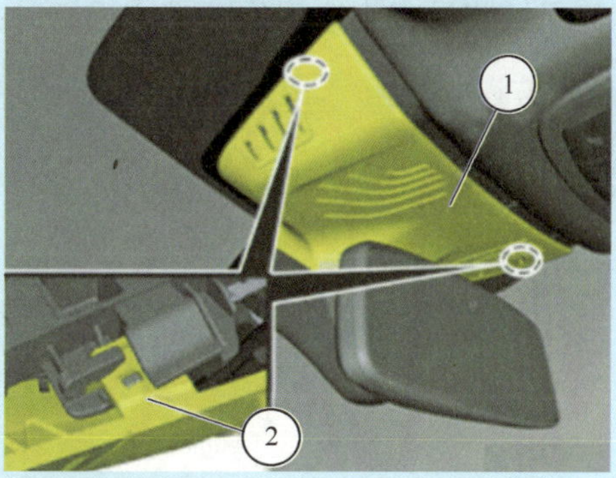
11	校准 KAFAS 摄像头 KAFAS 摄像头的校准过程要在道路行驶期间才能进行。请向客户说明，提车后一些辅助系统暂时不可用。通过诊断系统校准程序校准视觉传感器	
12	如更换新的控制单元需要编程/设码	

三、安装注意事项

1）拆装过程中有薄壁的带卡子的塑料件，注意严格按照维修手册步骤进行，严谨用蛮力，很容易使卡子折断。

2）拆装卡子要使用专用的塑料翘板。

3）拆装任何控制单元时都要注意静电防护，不要用手直接接触单元的针脚。

4）安装好后要检测是否有故障码并试车。

5）如有必要进行校准和编程。

【知识检测】

记录拆装过程中遇到的困难，分组讨论后派代表分享。

项目	内容
拆装过程中用到的工具	
拆装过程中遇到的困难	
总结拆装的小技巧	

任务3　视觉传感器故障诊断

【学习导入】

一辆奥迪A6L（2.5L）车主反映车道保持辅助系统的车道偏离警告时有时无，有时明显偏离车道了还不报警。经检测，系统没有故障码，车辆正常使用没发生过交通事故。该怎么解决这位车主的抱怨呢？车道保持辅助系统故障显示如图5-11所示。

图5-11　车道保持辅助系统故障

【相关知识】

本任务以奥迪汽车的车道保持辅助系统为例，其他汽车品牌的该系统原理基本一致。

在诊断奥迪汽车的车道保持辅助系统故障之前，首先要了解车道保持辅助系统的功能和组成。奥迪汽车车道保持辅助系统是一种驾驶人辅助系统，其作用是帮助驾驶人将车辆保持在选定车道上行驶。1台摄像机用来检测车道上的边界线，当检测到车辆两边的车道边界线符合要求时系统就进入预警状态。只要车辆逼近任何一条系统识别出的边界线，系统就会通过电动机振动转向盘警告驾驶人。假如系统处于预警状态而驾驶人事先打开转向灯，系统就会认为车辆要正常变道，不会振动报警。由于该系统是为在高速公路和条件良好的乡间公路上行驶而设计的，因此它在车速高于65km/h时才开始工作。车道保持辅助系统大大提高了车辆的安全性能，但同时也给汽车的使用和维修带来一定的困难。

一、车道保持辅助系统的组成

车道保持辅助系统组成如图5-12所示。

（1）带摄像头的控制单元　摄像机控制单元J852和图像处理控制单元J851集成在带摄像头的控制单元里。

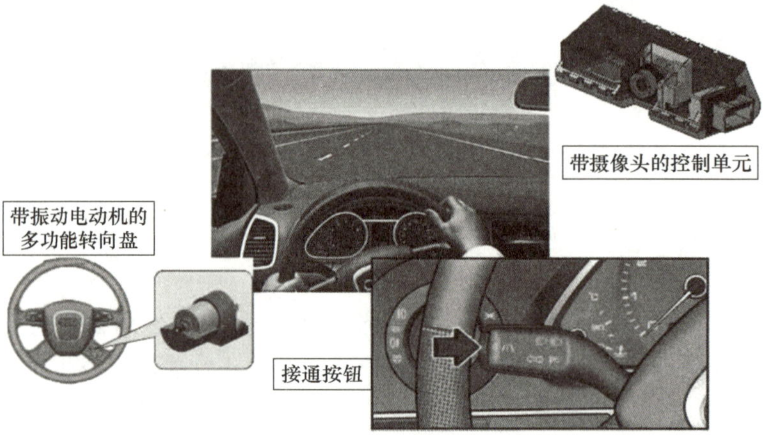

图 5-12　奥迪汽车车道保持辅助系统的组成

（2）带振动电动机的多功能转向盘　振动电动机安装在转向盘右下辐条内，转向盘的振动是因为电动机上的不平衡配重旋转而产生的。该电动机出现故障后不能单独更换，必须更换整个转向盘。振动（报警）大约持续 1s。车道保持辅助系统的振动电动机由多功能转向盘控制单元 J453 来控制。

（3）车道保持辅助系统按钮（E517）　车道保持辅助系统按钮 E517 集成在转向拨杆上，系统当前是接通还是关闭由组合仪表上的指示灯来指示，点火开关关闭时的系统状态会被存入当前车钥匙，按钮 E517 的状态由 J527（转向柱电子装置控制单元）来读入。

（4）组合仪表上的指示灯　如图 5-13 所示。

（5）车道保持辅助系统的风窗玻璃加热装置（Z67）　加热器 Z67 是一种电阻膜，该膜直接粘在前风窗玻璃上。它从车道保持辅助系统摄像机控制单元（J852）获得供电（图 5-14）。Z67 是正温度系数（PTC）电阻，摄像头所拍摄的图像对比度太弱的话 Z67 就被激活，最长可持续工作约 40min。

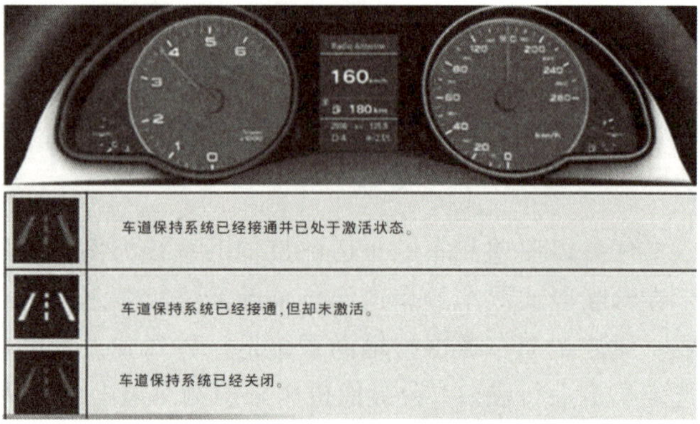

图 5-13　组合仪表指示灯

二、车道保持辅助系统的启用与识别

1. 系统的启用条件

车道保持辅助系统对汽车速度以及道路环境有一定的要求。车道保持辅助系统的启用条件如下：

1）车速大于 65km/h。如果车速小于 65km/h，车道保持辅助系统处于待命状态。

2）非雨雪天气。

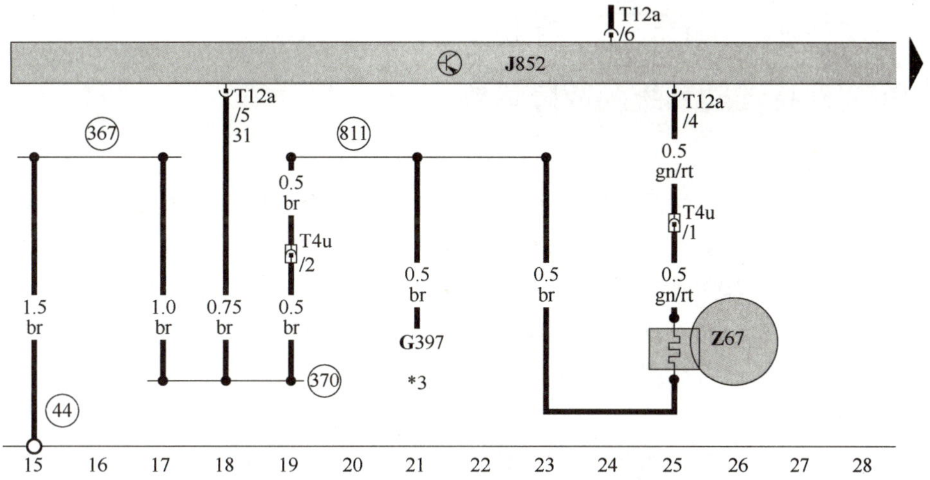

图 5-14　风窗玻璃加热装置（Z67）电路图

3）道路标线清晰。

4）转弯半径不过小。

2. 系统状态指示信息的识别

奥迪车系的车道保持辅助系统在组合仪表上设置了专门的指示灯，图案为车道样式，系统的当前状态由不同颜色的指示灯反映。其中，绿色表示系统已经接通，处于随时准备工作的状态；黄色表示系统已经接通，但是由于某些原因，当前无法使用，系统也不会提醒驾驶人；灰色表示系统已经关闭，要想激活该系统，必须操纵转向拨杆上的按键。

造成黄色指示灯点亮的原因，可能是车速低于 65km/h 或者车道模糊和无法识别等。

系统的故障检修可以通过组合仪表中央显示屏上的文字信息，判断车道保持系统存在的故障。显示“车道保持系统不可用：”后面会显示有以下几种情况。

1）“目前传感器什么也没有探测到”。

可能原因：

① 摄像机的视窗外侧脏污，或者结冰了。

② 摄像机的视窗内侧有雾气。

③ 道路上覆盖着冰雪或者其他污物。

④ 道路上没有车道边界线。

2）显示“车道保持系统不可用”。

可能原因：

① CAN 总线系统的通信出现问题。

② 控制单元内部的湿度过高。

3）显示“车道保持系统不可用：系统故障”。

可能原因：

① 控制单元 J852 损坏。

② 振动电动机损坏。

③ 系统主开关 E517 损坏。

④ 系统没有校准。另外，振动电动机的状态如何，可以通过转向柱电控单元 J527 进行元件诊断。如果振动电动机损坏，必须更换整个多功能转向盘。

三、车道保持辅助系统的故障诊断

1. 部件的检查

当车道保持辅助系统发生故障时，首先应进行直观检查。检查车道保持辅助系统的线束及插接器是否完好，部件是否丢失或损坏等。直观检查后一般应进行故障自诊断，其内容包括车道保持辅助系统状态指示的检查、读取故障码、输入信号检查、取消信号检查等。

在进行故障自诊断时如果读取到故障码，应进行故障码诊断，以进一步确定故障部位。如果没有读取到故障码，可按照故障征兆进行故障诊断。

2. 诊断电路的检查

（1）检查电压　接通点火开关，测量位于仪表板左侧下方的诊断座的 Tc 与 E1 端子之间的电压，应为蓄电池电压。否则，进行下一步骤。

（2）检查线束　检查车道保持辅助系统单元与诊断座之间及诊断座与搭铁之间的线束，如果线束有故障，进行修理。

3. 控制单元的检查

检查车道保持辅助系统有关控制单元的工作情况。

4. 故障诊断案例

一辆迪 A6L（2. 5L）车主反映车道保持辅助系统的车道偏离警告时有时无，有时明显偏离车道了还不报警。该车车道保持辅助系统与其他奥迪车型车道保持辅助系统相同，同时对于车道保持辅助系统中的故障，可以人工读取故障码。

（1）根据上述故障现象，先读取故障码　具体读码方法如下：

1）将点火开关打到 ON 位，连接蓝牙接头。

2）从电脑诊断仪进入诊断，设定好车型。

3）进入诊断读取故障码。

（2）检查车道保持辅助系统

1）利用电脑诊断仪读取故障码。

2）部件检查。直接用万用表欧姆档测量车道保持辅助系统按钮（E517）（图 5-15）的好坏。

图 5-15　车道保持辅助系统按钮电路图

如图5-14所示找到为车道保持辅助系统的风窗玻璃加热装置Z67供电的是J852控制单元的4号和5号针脚，然后实车找到J852控制单元的位置在A柱下面，测量Z67供电线4号针脚和搭铁线5号针脚，如图5-16所示。

（3）单元检查　检查图像处理控制单元（J851），测量其7号和23号针脚，用示波器测量波形来检查其好坏。检查车道保持辅助系统的摄像控制单元（J852），检测其CAN-H波形。测量针脚为16L和18H，测量波形如图5-17所示没有显示波形，正常波形应如图5-18所示，由此判断CAN-H断路，拆开发现电路已断，导致虚接。重新接好，故障消失。

（4）总结　通过对波形的分析得出诊断，可方便准确找到故障的位置所在。故障的检查顺序，应按照由简单到复杂逐一检查的步骤进行，保证故障能及时准确检查出来。

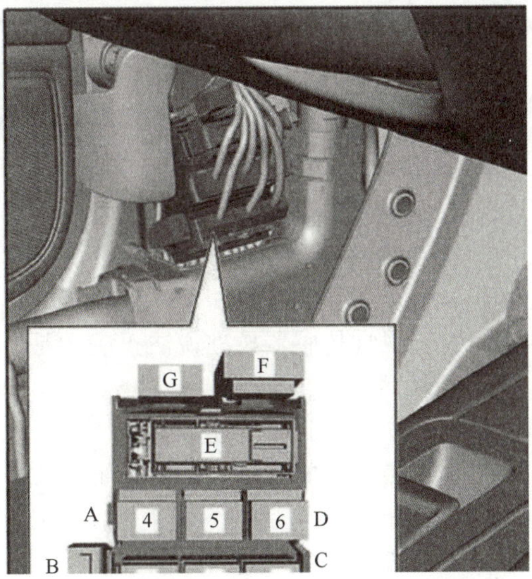

图5-16　A柱测量位置

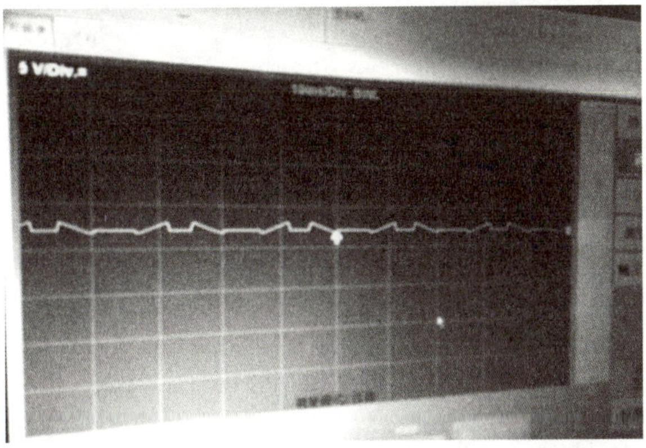

图5-17　故障波形

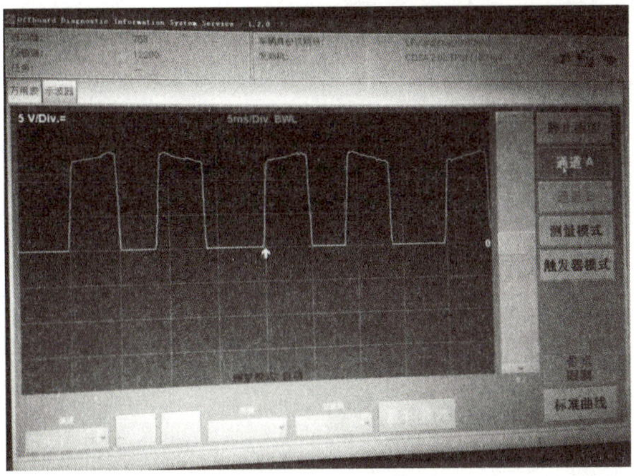

图5-18　正常波形

【知识检测】

1. 视觉传感器目前在哪些情况下功能会受限？(　　)

A. 大雾、大雨或者大雪天气

B. 在急转弯或者狭窄的行车道上

C. 保险杠脏污、结冰或者贴有标签

D. 太宽阔的道路上

2. 关于视觉传感器校准说法正确的是？(　　)

A. 更换后要校准　　B. 要用诊断仪启动校准程序

C. 启动校准程序后马上就可以了　　D. 校准过程要在行车过程中完成

3. 基于摄像机的驾驶人辅助系统（KAFAS 系统）中具有下列哪些功能？(　　)

A. 交通标志识别

B. 车道偏离报警装置

C. 远光灯辅助

D. 交通拥堵辅助系统

4. 车道偏离警告系统有最低车速要求吗？(　　)

A. 有　　B. 没有

项目 6

车况传感器的检测

智能汽车上除了自动驾驶需要的环境传感器外，还有监测车辆状况的各种车况传感器，比如温度传感器、压力传感器、位置传感器等。学习这些传感器的知识有助于整体了解智能汽车的传感器布置和作用，为后面进一步学习各控制系统的知识打下基础。

【学习目标】

知识目标（应知）

1. 掌握温度传感器的工作原理及检测方法。
2. 掌握压力传感器的工作原理及检测方法。
3. 掌握位置传感器的工作原理及检测方法。
4. 掌握旋变传感器的工作原理及检测方法。
5. 掌握气体传感器的工作原理及检测方法。

技能目标（应会）

1. 能正确检测温度传感器。
2. 能正确检测压力传感器。
3. 能正确检测位置传感器。
4. 能正确检测旋变传感器。
5. 能正确检测气体传感器。

任务1　温度和压力传感器的检测

【学习导入】

在冬季，电动汽车的蓄电池容量会降低，加上还要使用电加热的暖风空调，进一步加剧了电动车续驶里程的降低。有一种技术可以缓解这种状况，那就是热泵，例如比亚迪的热泵系统（图6-1）对比传统的PTC加热在零下10℃的环境中可节省电量30%以上。在热泵技术中要用到两种重要的传感器—温度传感器和压力传感器，本任务就来学习温度和压力传感器的知识。

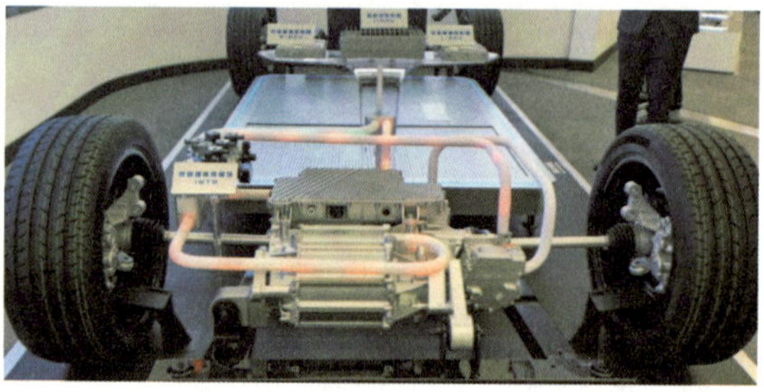

图6-1　比亚迪的热泵系统

【相关知识】

一、温度传感器的工作原理

汽车上用的温度传感器一般是负温度系数热敏电阻传感器。

热敏电阻是一种传感器电阻，其电阻值随着温度的变化而改变。按照温度系数不同分为正温度系数热敏电阻（PTC thermistor，即 Positive Temperature Coefficient thermistor）和负温度系数热敏电阻（NTC thermistor，即 Negative Temperature Coefficient thermistor）。正温度系数热敏电阻器的电阻值随温度的升高而增大，如大多数金属材料。负温度系数热敏电阻器的电阻值随温度的升高而减小，该材料是利用锰、铜、硅、钴、铁、镍、锌等两种或两种以上的金属氧化物进行充分混合、成形、烧结等工艺而成的半导体陶瓷。

NTC热敏电阻的阻值与温度的关系可用下述公式表示：

$$R_{\mathrm{T}}=R_0e^{B\left(\frac{1}{T}-\frac{1}{T_0}\right)} \tag{6-1}$$

式中　T——温度（K）；

R_{T}——热敏电阻在温度为T(K) 时的热敏电阻阻值；

R_0——热敏电阻在温度为 T_0（$T_0=273.15\text{K}$）时的阻值；

B——热敏电阻的材料常数，又叫热敏指数。

该关系式是经验公式，只在额定温度或额定电阻阻值在一定范围内才具有一定的精确度，因为材料常数 B 本身也是温度的函数。电阻和温度的 R-T 特性曲线示意图如图 6-2 和图 6-3所示。

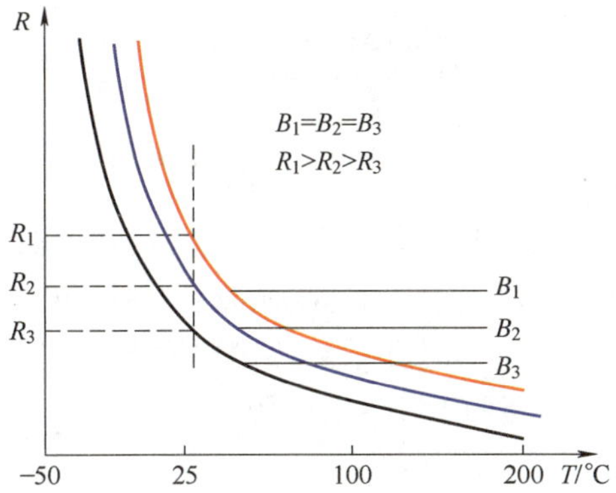

图 6-2　B 相同，R_0 不同时的 R-T 特性曲线示意图

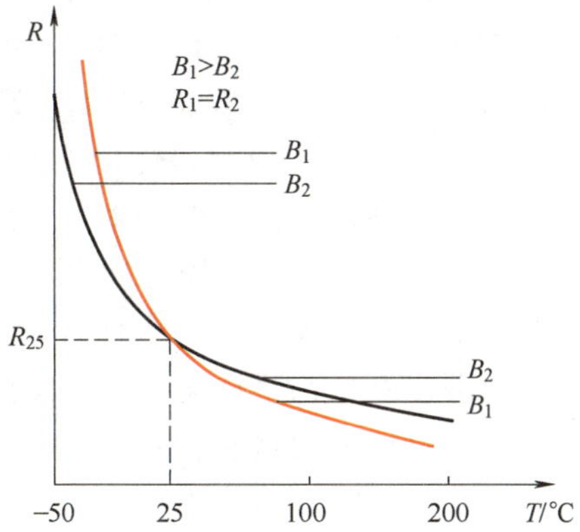

图 6-3　R_0 相同，B 不同时的 R-T 特性曲线示意图

如图 6-4 所示，温度传感器的内部结构很简单，就是连接了一个热敏电阻，根据应用场合不同，外观会有差异。

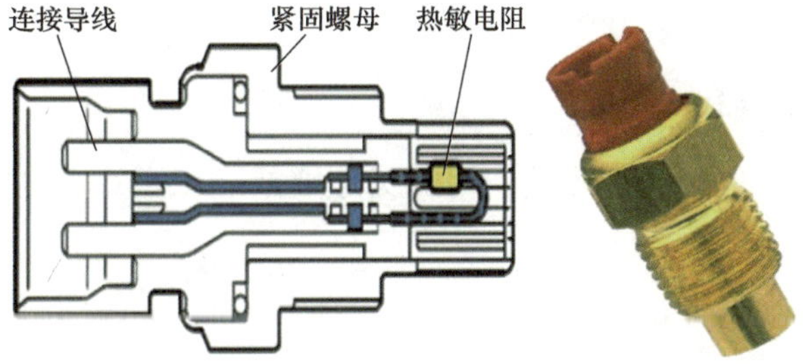

图 6-4　温度传感器内部结构和外形图

如图 6-5 所示，温度传感器与 ECU 直接连接，当温度低时，热敏电阻值大，信号 THW 的分压值高；反之，信号 THW 的分压值低。

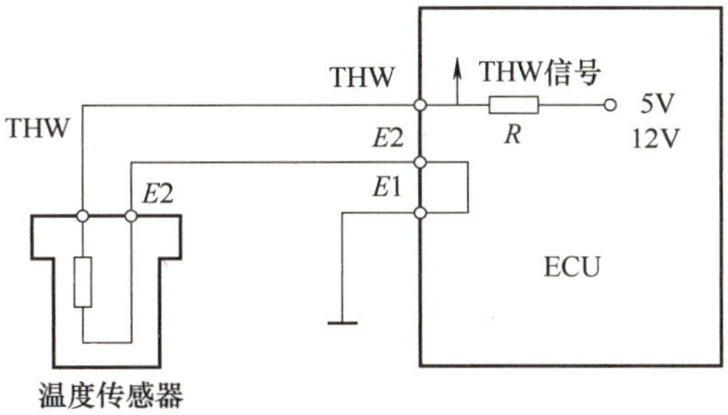

图 6-5　温度传感器电路图

二、温度传感器的检测方法

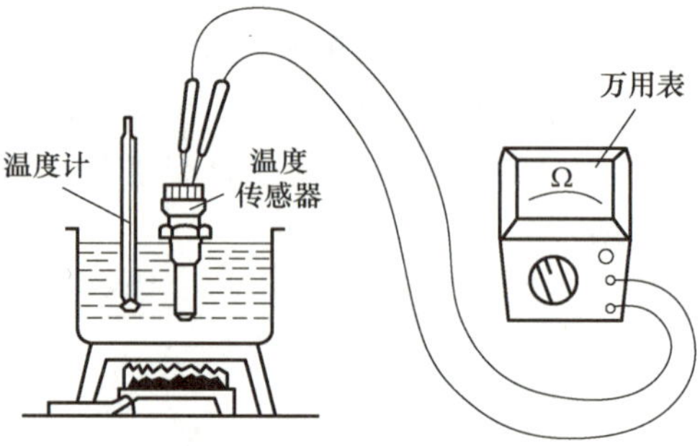

图 6-6　温度传感器的检测

温度传感器的检测如图 6-6 所示。检测时，用万用表欧姆档（视标称电阻值确定档位，一般为 R×1 档），具体可分两步操作：首先常温检测（室内温度接近 25℃），用鳄鱼夹代替表笔分别夹住传感器的两引脚测出其实际阻值，并与标称阻值相对比，二者相差在 ±2Ω 内即为正常。实际阻值若与标称阻值相差过大，则说明其性能不良或已损坏。其次加温检测，在常温测试正常的基础上，即可进行第二步测试——加温检测，将一热源（如热水）靠近热敏电阻对其加热，观察万用表示数，此时如看到万用示数随温度的升高而改变，这表明电阻值在逐渐改变（负温度系数热敏电阻器 NTC 阻值会变小，正温度系数热敏电阻器 PTC 阻值会变大），当阻值改变到一定数值时显示数据会逐渐稳定，说明热敏电阻正常，若阻值无变化，说明其性能变劣，不能继续使用。

测试时应注意以下几点：

1）R_t 是生产厂家在环境温度为 25℃时所测得的，所以用万用表测量 R_t 时，亦应在环境温度接近 25℃时进行，以保证测试的可信度。

2）测量功率不得超过规定值，以免电流热效应引起测量误差。

3）注意正确操作。测试时，不要用手捏住热敏电阻体，以防止人体温度对测试产生影响。

三、压力传感器的工作原理

根据压力传感器结构与原理的不同，可分为应变式、压阻式、电容式、压电式压力传感器等。

1. 应变式压力传感器

应变式压力传感器是一种通过测量各种弹性元件的应变来间接测量压力的传感器。根据制作材料的不同，应变元件可以分为金属和半导体两大类。应变元件的工作原理基于导体和半导体的“应变效应”，即当导体和半导体材料发生机械变形时，其电阻值将发生变化。其电阻随着所发生机械变形（拉伸或压缩）的大小而发生相应的变化。电阻应变效应的理论公式如下：

$$R=\rho\frac{L}{S} \tag{6-2}$$

式中　ρ——导体的电阻率（$\Omega\cdot cm^2/m$）；

S——导体的截面积（cm^2）；

L——导体的长度（m）。

由上式可知，导体在承受应力而发生机械变形的过程中，ρ、L、S 三者都要发生变化，从而必然会引起电阻值的变化。当受外力伸张时，长度增加，截面积减小，电阻值增加；当受压力缩短时，长度减小，截面积增大，电阻值减小。因此，只要能测出电阻值的变化，便可知导体的应变情况。这种转换关系为在实际应用中，将电阻应变片粘贴在传感器弹性元件或被测机械零件的表面。当传感器中的弹性元件或被测机械零件受作用力产生应变时，粘贴在其上的应变片也随之发生相同的机械变形，引起应变片电阻发生相应的变化。这时，电阻应变片便将力学量转换为电阻的变化量输出。

2. 压阻式压力传感器

压阻式压力传感器是指利用单晶硅材料的压阻效应和集成电路技术制成的传感器。单晶硅材料在受到力的作用后，电阻率发生变化，通过测量电路就可得到正比于力变化的电信号输出。它又称为扩散硅压阻压力传感器，它不同于粘贴式应变计需通过弹性敏感元件间接感受外力，而是直接通过硅膜片感受被测压力的。

压阻式压力传感器主要基于压阻效应。压阻效应是用来描述材料在受到机械式应力下所产生的电阻变化。不同于压电效应，压阻效应只产生阻抗变化，并不会产生电荷。

大多数金属材料与半导体材料都被发现具有压阻效应。其中半导体材料中的压阻效应远大于金属。由于硅是现今集成电路的主要原料，以硅制作而成的压阻性元件的应用就变得非常有意义。硅的电阻变化不单是来自应力有关的几何形变，而且也来自材料本身与应力相关的电阻。N 型硅的电阻变化主要是由于其三个导带谷对的位移所造成不同迁移率的导带谷间的载子重新分布，进而使得电子在不同流动方向上的迁移率发生改变。其次是由于来自自导带谷形状的改变相关的等效质量的变化。在 P 型硅中，此现象变得更复杂，而且也导致等效质量改变及电洞转换。

压阻式压力传感器一般通过引线接入惠斯登电桥中。平时敏感芯体没有外加压力作用，电桥处于平衡状态（称为零位），当传感器受压后芯片电阻发生变化，电桥将失去平衡。若给电桥加一个恒定电流或电压电源，电桥将输出与压力对应的电压信号，这样传感器的电阻变化通过电桥转换成压力信号输出。电桥检测出电阻值的变化，经过放大后，再经过电压电流的转换，变换成相应的电流信号，该电流信号通过非线性校正环路的补偿，即产生了输入电压呈线性对应关系的 4～20mA 的标准输出信号。其电路原理如图 6-7 所示。硅压阻式压力传感器内部结构如图 6-8 所示。

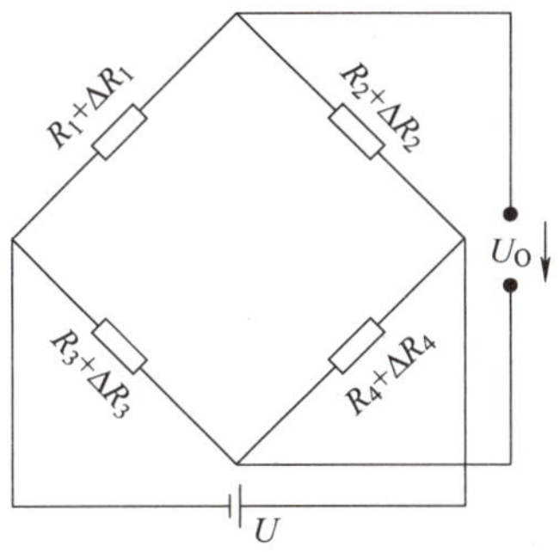

图 6-7　惠斯登电桥电路原理

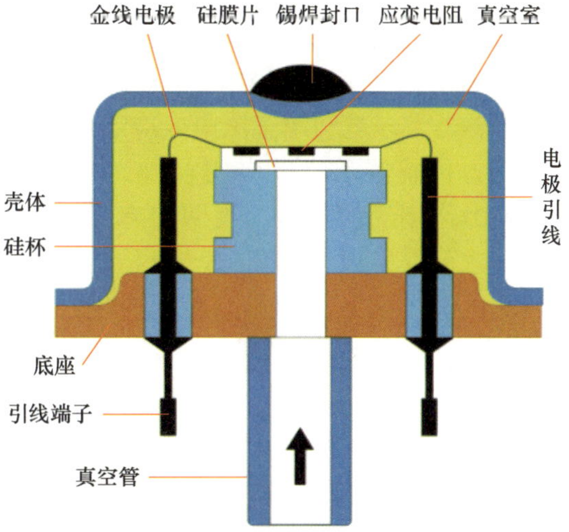

图 6-8　硅压阻式压力传感器内部结构

3. 电容式压力传感器

电容式压力传感器是一种利用电容作为敏感元件，将被测压力转换成电容值改变的压力传感器。首先来了解电容器的原理。以储存电荷为目的制成的元件称为电容器。由绝缘介质分开的两个平行金属板组成的平板电容器，如图 6-9 所示。如果不考虑边缘效应，其电容量 C 为

$$C=\frac{\varepsilon A}{d}=\frac{\varepsilon_0\varepsilon_r A}{d} \tag{6-3}$$

ε 为电容极板间介质的介电常数，$\varepsilon_0=8.85\times10^{-12}\text{F/m}$，其中 ε_0 为真空介电常数，ε_r 为极板间介质相对介电常数；A 为两平行板所覆盖的面积；d 为两平行板之间的距离。

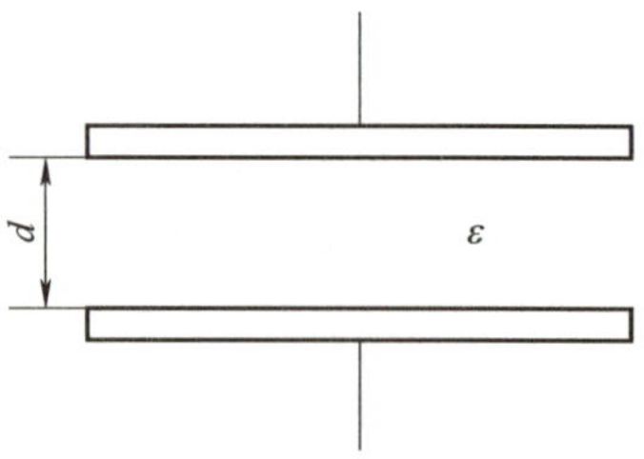

图 6-9　平板电容器

当被测参数变化使得式（6-3）中的 A，d 或 ε 发生变化时，电容量 C 也随之变化。如果保持其中两个参数不变，而仅改变其中一个参数，就可把该参数的变化转换为电容量的变化，通过测量电路就可转换为电量输出。电容式压力传感器用的就是改变间隙来改变电容。这种压力传感器一般采用圆形金属薄膜或镀金属薄膜作为电容器的一个电极，当薄膜感受压力而变形时，薄膜与固定电极之间形成的电容量发生变化，通过测量电路即可输出与电压成一定关系的电信号。其灵敏度大致与薄膜的面积和压力成正比而与薄膜的张力和薄膜到固定电极的距离成反比。

4. 压电式压力传感器

压电式压力传感器主要基于正压电效应（图 6-10），利用电气元件和其他机械把待测的压力转换成为电量，再进行相关测量工作的测量精密仪器，如很多压力变送器和压力传感器。

正压电效应是指：当晶体受到某固定方向外力的作用时，内部就产生电极化现象，同时在某两个表面上产生符号相反的电荷；当外力撤去后，晶体又恢复到不带电的状态；当外力作用方向改变时，电荷的极性也随之改变；晶体受力所产生的电荷量与外力的大小成正比。压电式压力传感器大多是利用正压电效应制成的。

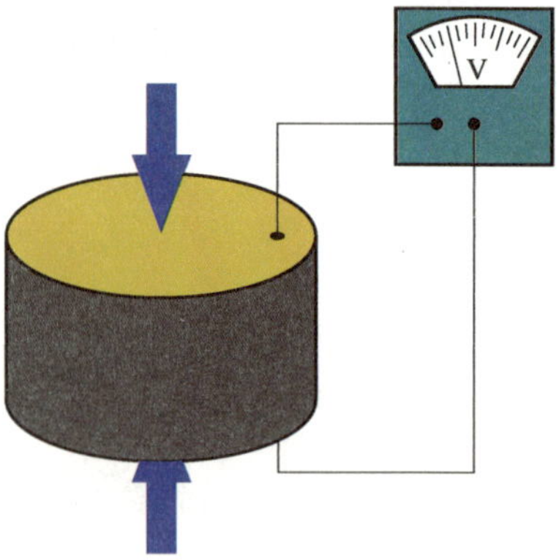

图 6-10　正压电效应

压电式压力传感器不可以应用在静态的测量当中，原因是受到外力作用后的电荷，当回路有无限大的输入阻抗的时候，才可以得以保存下来。但是实际上并不是这样的。因此压电式压力传感器只可以应用在动态的测量当中。

它主要的压电材料是：磷酸二氢胺、酒石酸钾钠和石英。压电效应就是在石英上发现的。

当应力发生变化的时候，电场的变化很小，其他的一些压电晶体就会替代石英。酒石酸钾钠具有很大的压电系数和压电灵敏度，但是它仅可以使用在室内的湿度和温度都比较低的地方。磷酸二氢胺是一种人造晶体，它可以在很高的湿度和温度环境中使用，所以，它的应

用是非常广泛的。随着技术的发展，压电效应已经在很多晶体上得到应用了，如压电陶瓷，铌镁酸压电陶瓷、铌酸盐系压电陶瓷和钛酸钡压电陶瓷等都包括在内。

四、压力传感器的检测

1. 电阻测试

（1）线束导通性测试　将数字万用表设置在电阻200Ω档，在面板上按电路图6-11所示，找到进气压力传感器的针脚号与ECU信号测试端口相应的针脚号，分别测试压力传感器1、2、3号针脚对应至电控单元E5插头的9、2、1号针脚的电阻，所有电阻都应低于0.5Ω。

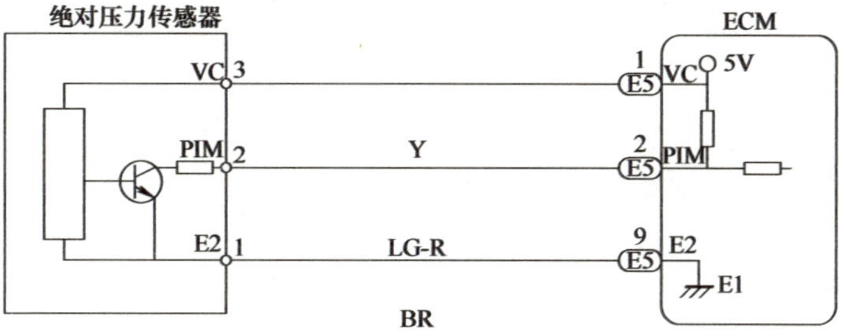

图6-11　压力传感器电路图

（2）线束短路性测试　将数字万用表设置在电阻档，测量压力传感器针脚2与电控单元针脚E5插头的9、1之间电阻，应为无穷大。

2. 电压测试

（1）电源电压测试　连接好传感器和ECM用万用表直流电压档正极测量传感器3号针脚，负极线测量传感器1号针脚，正常是5V左右。如果不是，说明ECM模块1号针脚供电有问题。

（2）信号电压测试　压力传感器信号电压输出分为模拟信号和数字信号两种，模拟信号输出特性如图6-12所示，数字信号输出波形如图6-13所示。

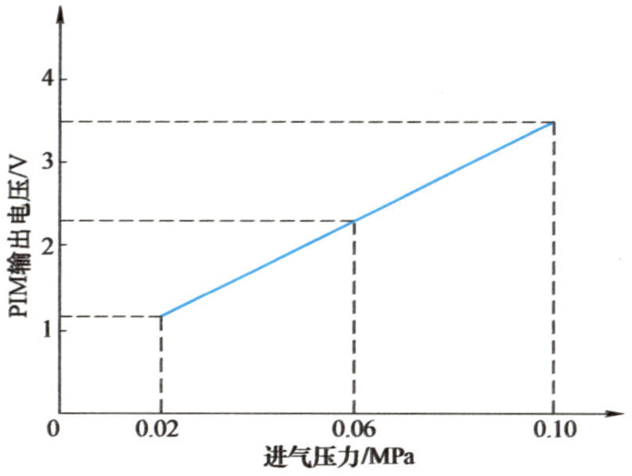

图6-12　模拟信号的电压值随压力变化的线性关系

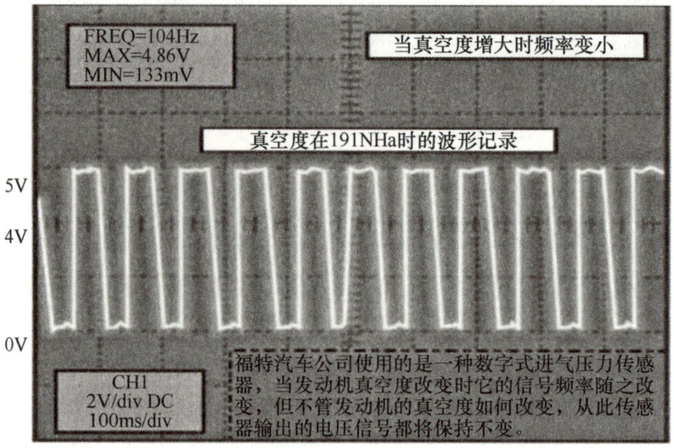

图 6-13　压力传感器数字输出波形

（3）就车测试　将数字万用表设置在直流电压 20V 档，测量压力传感器针脚 2 的反馈信号，红色表针置于压力传感器针脚 2，黑色表针置于压力传感器针脚 1、蓄电池负极或车身搭铁处，对压力传感器增压或减压就能测出输出电压值，其输出电压值要满足相关的输出特性。如果输出是数字信号，就需要用示波器测量波形，测量方法相同。

【知识检测】

1. 温度传感器是用哪种电阻？（　　）

A. 正温度系数电阻　　B. 负温度系数电阻

2. 什么是负温度系数电阻？（　　）

A. 电阻随温度增加而增加

B. 电阻随温度增加而减小

C. 电阻随温度增加而不变

3. 压力传感器有哪些种类？（　　）

A. 应变式　　B. 压阻式　　C. 电容式　　D. 压电式

4. 电容式压力传感器的电容大小与哪些因素有关？（　　）

A. 极板间距　　B. 极板相对面积　　C. 极板间介质　　D. 极板厚度

5. 压力传感器输出信号有哪几种？（　　）

A. 模拟信号　　B. 数字信号　　C. 混合信号

任务 2　位置传感器的检测

【学习导入】

我国“天河号”核心舱（图 6-14）采用了具备世界领先水平的霍尔推进器，它由中国航天科技集团 801 所自主研制，此霍尔推进器比冲高达 3000s 以上，比普通氢氧火箭发动机快 6 倍以上，因此这对中国航天来说是质的飞跃，中国后来居上打破世界格局，在世界航天领域占据了一席之地。霍尔推进器与汽车上用的霍尔位置传感器都是利用的霍尔效应，本任务就来学习霍尔位置传感器的相关知识。

图 6-14　“天河号”核心舱

【相关知识】

一、霍尔效应

如图 6-15 所示，半导体薄片置于磁感应强度为 B 的磁场中，磁场方向垂直于薄片。当有电流 I 流过薄片时，在垂直于电流和磁场的方向上将产生电动势 E_H，这种现象称为霍尔效应，该电动势称为霍尔电动势，上述半导体薄片称为霍尔元件。

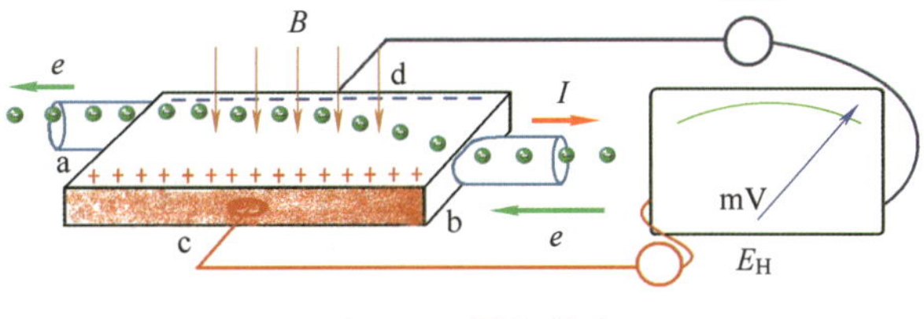

图 6-15　霍尔效应

原理简述如下：励磁电流 I 从 a、b 端流入，磁场 B 由正上方作用于薄片，这时电子 e

的运动方向与电流方向相反，将受到洛仑兹力 F_L的作用，向内侧偏移，该侧形成电子的堆积，从而在薄片的 c、d 方向产生电场 E 。电子积累得越多，F_E也越大，在半导体薄片 c、d 方向的端面之间建立的电动势 E_H就是霍尔电动势。

影响霍尔电动势的因素：流入励磁电流端（a、b）的电流 I_{ab}越大，电子和空穴积累得就越多，霍尔电动势也就越高。作用在薄片上的磁感应强度 B 越强，电子受到的洛仑兹力也越大，霍尔电动势也就越高。薄片的厚度、半导体材料中的电子浓度等因素对霍尔电动势也有很大的影响。设半导体薄片的厚度为 δ，霍尔元件中的电子浓度为 n，电子的电荷量为 e，则霍尔电动势 E_H 可用下式表示：

$$E_H = \frac{IB}{ne\delta} \tag{6-4}$$

式中的 n、e、δ 在薄片的尺寸、材料确定后均为常数，可令 $K_H = 1/(ne\delta)$，则上式可简化为：

$$E_H = K_H IB \tag{6-5}$$

式中　K_H——霍尔元件的灵敏度。

由于金属材料中的电子浓度 n 很大，所以灵敏度 K_H 非常小。而半导体材料中的电子浓度较小，所以灵敏度比较高。利用这个关系可以使其中两个量不变，将第三个量作为变量，或者固定其中一个量，其余两个量都作为变量，这使得霍尔传感器可以有许多用途。

霍尔传感器主要用于测量能够转换为磁场变化的其他物理量。由式（6-4）看出，若磁场方向相反，霍尔电动势的方向也随之改变，因此霍尔传感器能用于测量静态磁场或交变磁场。

二、霍尔位置传感器的特点

霍尔位置传感器是一种检测物体位置的磁场传感器。用它们可以检测磁场及其变化，可在各种与磁场有关的场合中使用。霍尔位置传感器以霍尔效应原理为其工作基础。

按照霍尔位置传感器的功能可将它们分为霍尔线性型传感器和霍尔开关型传感器。前者输出模拟量，后者输出数字量。

霍尔位置传感器具有许多优点。它们的结构牢固，体积小，重量轻，寿命长，安装方便，功耗小，频率高（可达 1MHz），耐振动，不怕灰尘、油污、水汽及盐雾等的污染或腐蚀。

开关型霍尔位置传感器具有无触点、无磨损、输出波形清晰、无抖动、无回跳、位置重复精度高（可达 μm 级）等优点。采取了各种补偿和保护措施的霍尔位置传感器的工作温度可达到 −55 ~ 150℃。

霍尔位置传感器通过对磁场变化的测量，将许多非电、非磁的物理量例如力、力矩、压力、应力、位置、位移、速度、加速度、角度、角速度、转数、转速以及工作状态发生变化的时间等，转变成电量来进行检测和控制，因而有着广泛的用途。

工作磁体和霍尔元件的触发的运动方式有对移、侧移、旋转和隔断，如图 6-16 ~ 图 6-19所示。

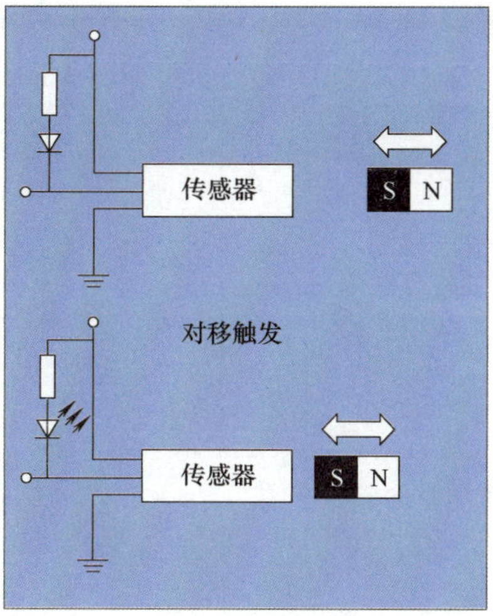

图 6-16　对移

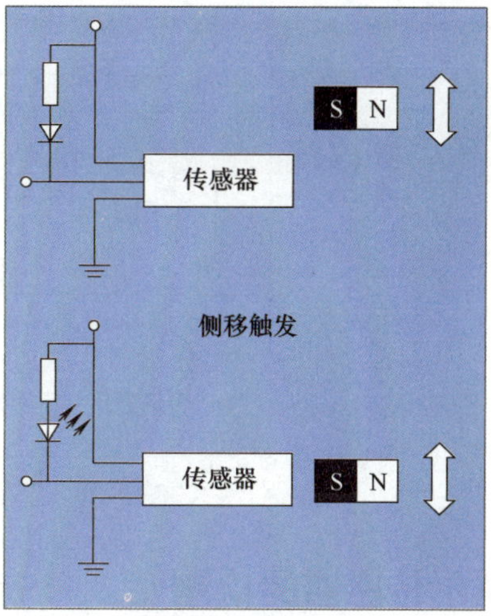

图 6-17　侧移

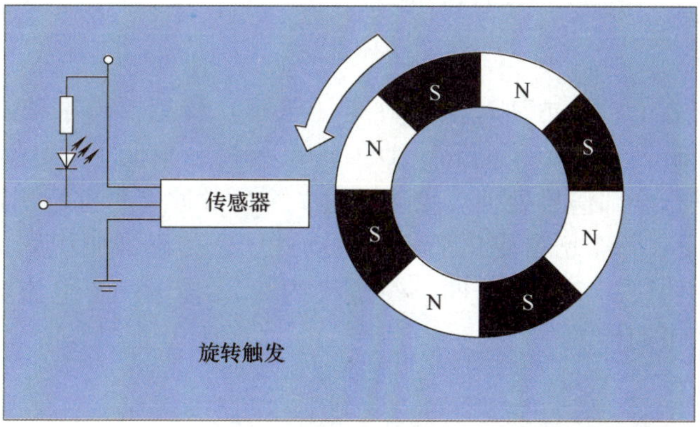

图 6-18　旋转

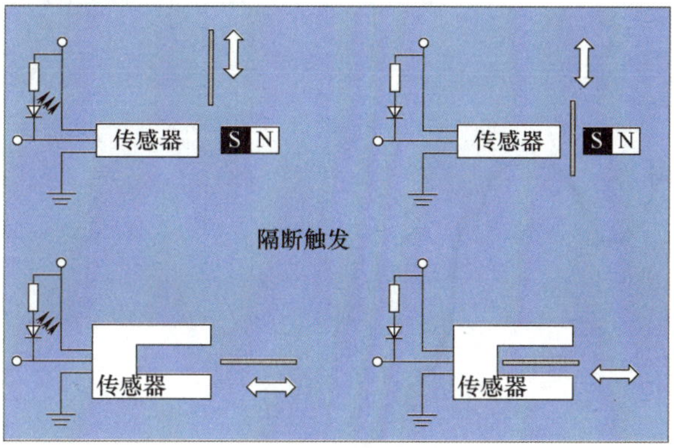

图 6-19　隔断

其中隔断铁片可以做成不同的形状，对应输出不同的脉冲信号，如图 6-20 所示。

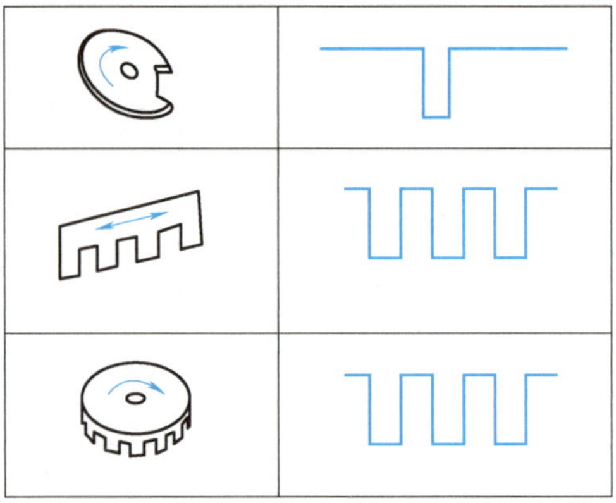

图 6-20　不同形状隔断的波形

三、霍尔传感器的检测

霍尔传感器在汽车上的应用很广，主要是用来做位置传感器，如轮速传感器（图 6-21）、位移传感器、开关传感器、相位传感器等，下面就以宝马车的轮速传感器为例讲解霍尔传感器的检测方法。

1. 功能描述

每个车轮上都安装了一个主动式车轮转速（轮速）传感器。主动式轮速传感器连接在动态稳定控制（Dynamic Stability Control，DSC）系统控制单元上。DSC 系统控制单元在主动式轮速传感器中进行全部信号处理。轮速通过一个磁脉冲齿轮进行测量。该磁脉冲齿轮的每一圈分为 96 个增量。每个增量变化都将被主动式轮速传感器所识别，并将其转换为按脉冲宽度调制的信号的协议。车辆静止时，每隔大约 0.7s 传输一个电流脉冲。通过此电流脉冲显示轮速传感器的可用性。

2. 工作原理

轮速传感器由 2 个霍尔传感器和 1 个电子分析装置组成，如图 6-22 所示。

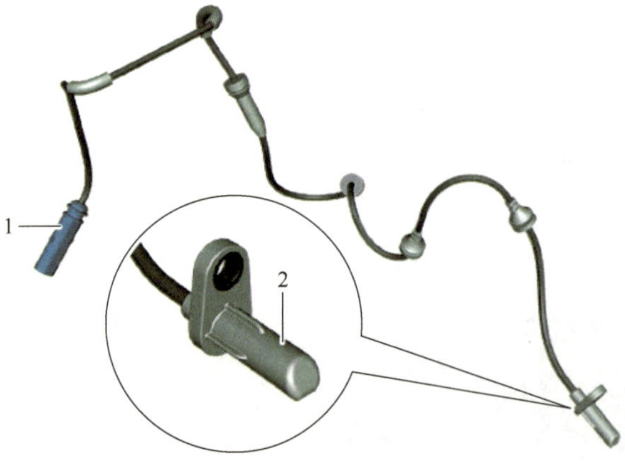

图 6-21　轮速传感器

1—2 芯插头　2—轮速传感器

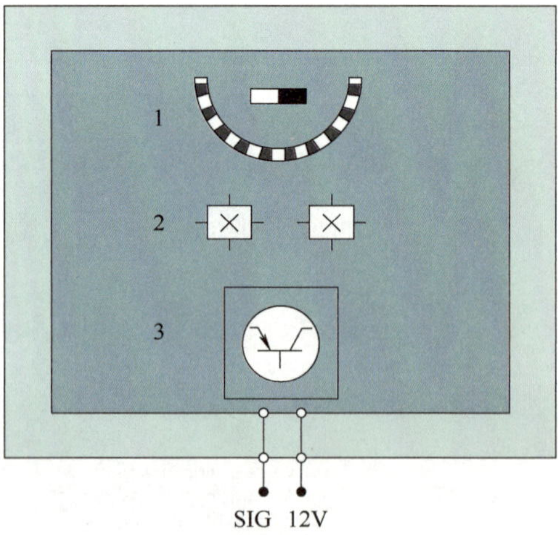

图 6-22　轮速传感器组成

1—磁极对　2—霍尔传感器　3—电子分析装置

SIG—脉冲宽度调制信号　12V—控制单元供电电压

除了车轮转速外，主动式轮速传感器还识别其他状态，然后通过信号协议传输，如车轮旋转方向、空气间隙、车辆静止。

车轮静止超过 1s 时，每隔约 0.7s 发生一个电流脉冲。旋转方向通过信号协议中一个定义的脉冲宽度发送给 DSC 控制单元。作为第三个附加信息，轮速传感器识别脉冲齿轮和传感器元件之间的一个空隙上限。此信息同样通过信号协议传送给 DSC 控制单元用于分析评估。DSC 控制单元对这些信号进行分析，从而能快速可靠地识别出行驶方向、车辆静止和可能的空隙故障。不同状态下轮速传感器波形如图 6-23 所示。

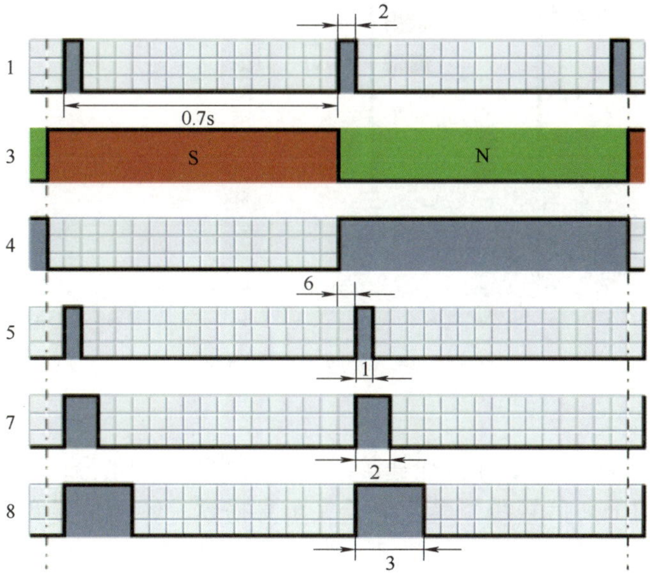

图 6-23　不同状态下轮速传感器的波形

1—车辆静止时　2—电流脉冲　3—南极（轮齿）、北极（空隙）　4—转速信号
5—空隙警告信号　6—起始位低　7—左旋方向信号　8—右旋方向信号

3. 检测步骤

轮速传感器产生故障时，DSC 模块不能接收轮速传感器输出的正确信号，此时会产生故障码，并且仪表有故障灯提示。在怀疑某个传感器出现故障时，可以做以下测量，判断是否传感器出现故障而不能输出正确的信号到 DSC 模块。

第一步：将车辆升起，使车轮离地。检查轮速传感器传感头与齿圈之间的间隙：前轮应为 1.10～1.97mm，后轮应为 0.42～0.80mm。间隙太大磁场就会弱，产生的霍尔电压也低，难以检测到，信号就会丢失。

第二步：测量轮速传感器的插头上面的电压，如图 6-24 中的 1、2 号针脚，正常有 12V 电压。霍尔式传感器内部有霍尔元件，稳压电路，运算放大器这些电子元件都是需要供电和搭铁的，这一步可以直接判断模块是否有电压输出，模块供电搭铁有没有问题，导线是否存在短路等故障存在。

第三步：可用万用表电阻 2k 档直接测传感器电阻，拔下传感器插头测量 1、2 号针脚。霍尔轮速传感器是测不出电阻来的，为无穷大状态，用二极管档测，应该有 0.3～0.7V 的

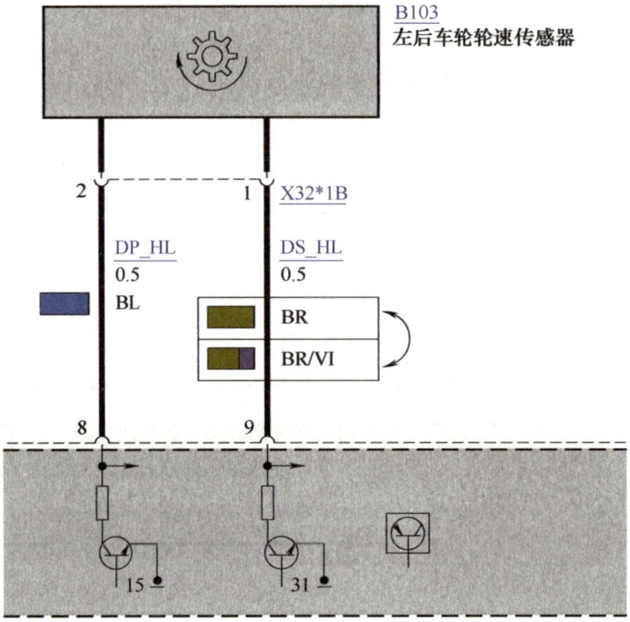

图 6-24　轮速传感器电路图

管压降。

第四步：测传感器信号，霍尔式轮速传感器输出方波脉冲信号，此信号抗干扰型强。一般用示波器探头的钩子夹信号线，黑色夹子夹车身搭铁，转动信号盘正常可以看到 0.5 ~ 1.5V 的方波信号波形（图 6-25），且频率随转速变化。如果没有就是传感器损坏。

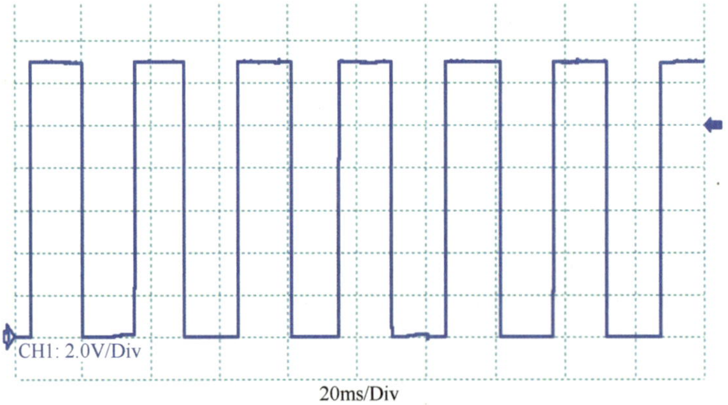

图 6-25　轮速传感器的输出波形

【知识检测】

一、选择题

1. 霍尔效应的灵敏度高低与外加磁场的磁感应强度成（　　）关系。

A. 正比　　　　　B. 反比　　　　　C. 相等

2. 减小霍尔元件的输出不等位电动势的方法是（　　）。

A. 减小励磁电流

B. 减小磁感应强度

C. 使用电桥调零电位器

3. 线性型霍尔传感器一般由（　　）组成。

A. 霍尔元件和放大器

B. 霍尔元件和稳压电路

C. 霍尔元件和整形电路

4. 关于霍尔传感器下列说法不正确的是（　　）。

A. 霍尔传感器具有在静态下感受磁场的能力。

B. 当控制电流不变时，霍尔电势正比于磁感应强度。

C. 当控制电流、磁感应强度均变时，传感器的输出与二者的乘积成正比。

D. 当磁感应强度恒定不变时，霍尔电压与控制电流成反比。

二、填空题

1. 霍尔传感器具有__________，__________，__________，__________等优点，可以实现__________测量。

2. 霍尔传感器可用来测量__________，__________，____________________。

3. 制作霍尔元件应采用的材料是__________，因为这类材料能使载流子的迁移率与电阻率的乘积最大，从而使两个端面出现的电动势差最大。

任务3　旋变传感器的检测

【学习导入】

玉兔号是中国首辆月球车（图6-26），和着陆器共同组成嫦娥三号探测器。当“玉兔号”月球车在月面平安软着陆的那一刻，就到“旋变传感器”大显身手的时候了，它的作用是将运动信号转换为电信号，并向系统发送电流信号。这里所说的旋转变压器是一种电磁式传感器，是用来测量旋转物体的转轴角位移和角速度的。在智能汽车上主要用作测量电机的转子位置，例如驱动电机的位置传感器大多数用的就是旋变传感器，本任务就来学习旋变传感器相关知识。

图6-26　“玉兔号”月球车

【相关知识】

一、旋转变压器的发展

旋转变压器是目前国内的专业名称，简称“旋变”，英文为“resolver”，根据词义，有人把它称作为“解算器”或“分解器”。

常用的角度位置传感元件有这几种：光学编码器、磁性编码器和旋转变压器。由于制作和精度的缘故，磁性编码器没有其他两种普及。光学编码器的输出信号是脉冲，由于是天然的数字量，数据处理比较方便，因而得到了很好的应用。早期的旋转变压器，由于信号处理电路比较复杂，价格比较贵的原因，应用受到了限制。因为旋转变压器具有无可比拟的可靠性，以及具有足够高的精度，在许多场合有着不可代替的地位，特别是在军事以及航天、航空、航海等方面。

随着电子工业的发展，电子元器件集成化程度的提高，元器件的价格大大下降；另外，信号处理技术的进步，使旋转变压器的信号处理电路变得简单、可靠，价格也大大下降。而且，又出现了软件解码的信号处理，使得信号处理问题变得更加灵活、方便。这样，旋转变压器的应用得到了更大的发展，其优点得到了更大的体现。和光学编码器相比，旋转变压器有这样几点明显的优点：

1）无可比拟的可靠性，非常好的抗恶劣环境条件的能力。

2）可以运行在更高的转速下（在输出 12bit 的信号下，允许电动机的转速可达 60000r/min。而光学编码器，由于光电器件的频响一般在 200kHz 以下，在 12bit 时，速度只能达到 3000r/min）。

3）方便的绝对值信号数据输出。

旋转变压器的应用，近期发展很快。除了传统的、要求可靠性高的军用、航空航天领域之外，在工业、交通以及民用领域也得到了广泛的应用。特别应该提出的是，这些年来，随着工业自动化水平的提高，随着节能减排的要求越来越高，效率高、节能显著的永磁交流电动机的应用，越来越广泛。而永磁交流电动机的位置传感器，原来是以光学编码器居多，但这些年来，却迅速地被旋转变压器代替。可以举几个明显的例子，在家电中，不论是冰箱、空调、还是洗衣机，目前都是向变频变速发展，采用的是正弦波控制的永磁交流电动机。目前各国都非常重视的电动汽车中所用的位置、速度传感器都是旋转变压器。例如，驱动电机和发电机的位置传感、电动助力转向盘电动机的位置速度传感、燃气阀角度测量、真空室传送器角度位置测量等，都是采用旋转变压器。

二、旋转变压器的结构

根据转子电信号引进、引出的方式，分为有刷旋转变压器和无刷旋转变压器。在有刷旋转变压器中，定、转子上都有绕组。转子绕组的电信号，通过滑动接触，由转子上的集电环和定子上的电刷引进或引出。由于有刷结构的存在，使得旋转变压器的可靠性很难得到保证。因此目前这种结构形式的旋转变压器应用的很少。目前无刷旋转变压器有两种结构形式，一种为环形变压器式无刷旋转变压器，另一种为磁阻式旋转变压器，磁阻式旋转变压器在汽车上应用很广，下面就做重点介绍。

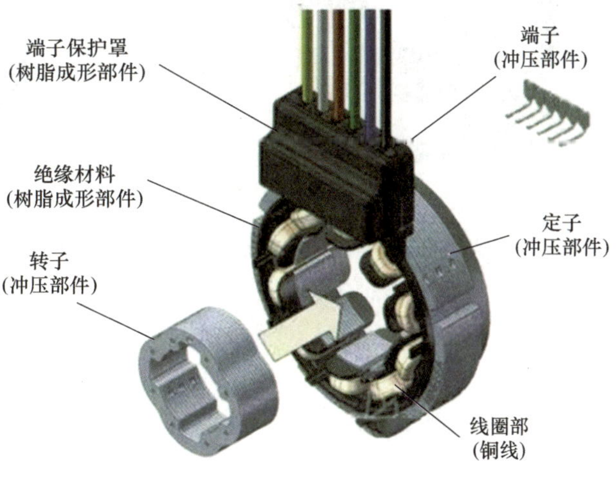

图 6-27 磁阻式旋转变压器示意图

图 6-27 所示是一个磁阻式旋转变压器的示意图。磁阻式旋转变压器的励磁绕组和输出绕组放在同一套定子槽内，固定不动。但励磁绕组和输出绕组的形式不一样。两相绕组的输出信号，仍然应该是随转角作正弦变化、彼此相差 90°电角度的电信号。转子磁极形状作特殊设计，使得气隙磁场近似于正弦形。转子形状的设计也必须满足所要求的极数。可以看出，转子的形状决定了

极对数和气隙磁场的形状。

磁阻式旋转变压器一般都做成分装式，不组合在一起，以分装形式提供给用户，由用户自己组装配合。

三、旋转变压器的工作原理

以磁阻式旋转变压器为例说明旋转变压器的工作原理，磁阻式旋转变压器的转子上无绕组，其一次和二次绕组均在定子上，但转子的凸极（裸露极点）将二次正弦变化耦合至角位置。图 6-28 所示一次绕组（励磁绕组）绕在定子上，其接线端子分别为 R_1 和 R_2。

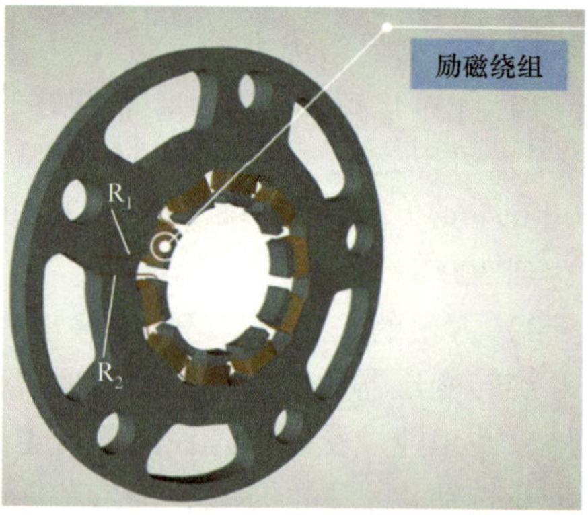

图 6-28 励磁绕组

励磁绕组是由单相电压供电，R_1 和 R_2 之间的电压为

$$U_{R_1-R_2}=U\sin\omega t \qquad (6\text{-}6)$$

式中 $U_{R_1-R_2}$——励磁电压的幅值（V）；

ω——励磁电压的角频率（rad/s）。

如图 6-29 所示，二次［侧］正弦和余弦绕组也间隔绕在定子上，其接线端子分别为 S_3 和 S_1、S_2 和 S_4。

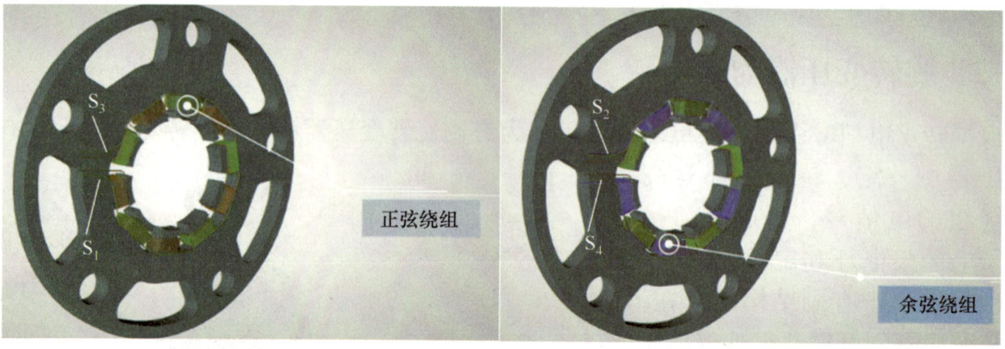

图 6-29 正弦和余弦绕组

当正弦信号励磁一次绕组 R_1-R_2 时，在二次绕组上会产生一个感应信号。耦合至二次绕组的信号大小与相对于定子的转子位置（图 6-30）呈函数关系，其衰减系数称为旋变器转换比。由于二次绕组机械错位 90°，两路正弦输出信号彼此间的相位相差 90°。旋转变压器输入和输出电压之间的关系如式（6-7）和式（6-8）所示。式（6-7）为正弦信号公式，式（6-8）为余弦信号公式。

$$U_{S_3-S_1}=TU\sin\omega t\sin\theta \qquad (6\text{-}7)$$

$$U_{S_2-S_4}=TU\sin\omega t\cos\theta \qquad (6\text{-}8)$$

式中，θ 是轴角（°），ω 是励磁信号频率（Hz），U 是励磁信号电压幅值（V），T 是旋变器转换比。

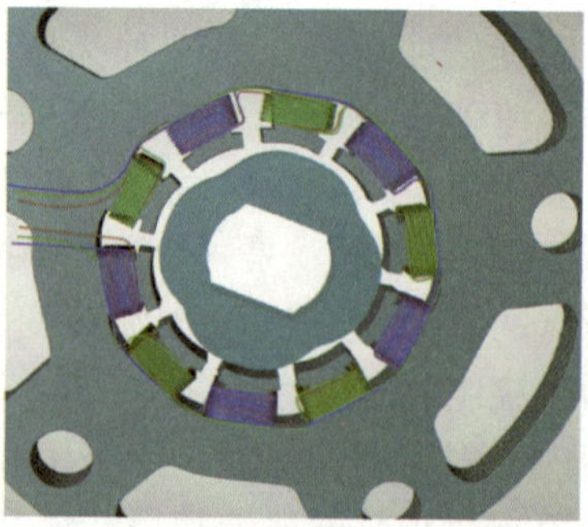

图 6-30 转子安装示意图

两路输出信号由轴角的正弦和余弦信号调制。励磁信号以及正弦和余弦输出信号如图 6-31 所示。正弦信号在 90°和 270°时具有最大幅度，余弦信号在 0°和 180°时具有最大幅度。

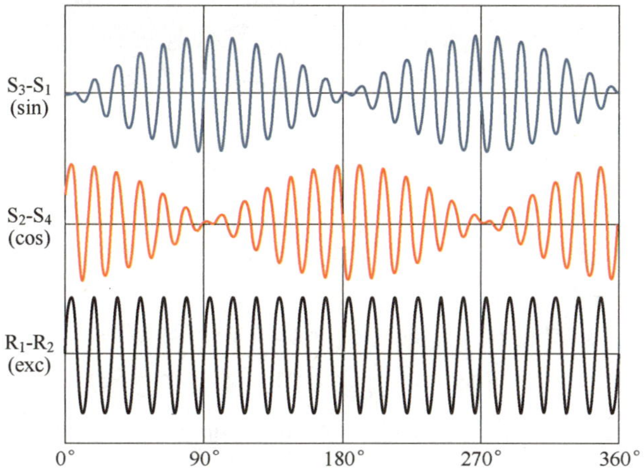

图 6-31　各绕组输出波形

在很多场合下，旋转变压器可以单独作为测角元件用，直接和角度信号变换单元连接，由角度变换单元输出角度信号数据，磁阻式旋转变压器就是只起这个作用的。图 6-32 所示为旋转变压器解码后的角度显示。

1. 旋转变压器的主要参数和性能指标

（1）额定励磁电压和励磁频率　励磁电压都采用比较低的数值，一般在 10V 以下。旋转变压器的励磁频率通常采用 400Hz 以及（5～10）kHz 之间。

（2）变压比和最大输出电压　变压比是指当输出绕组处于感生最大输出电压的位置时，输出电压和一次［侧］励磁电压之比。

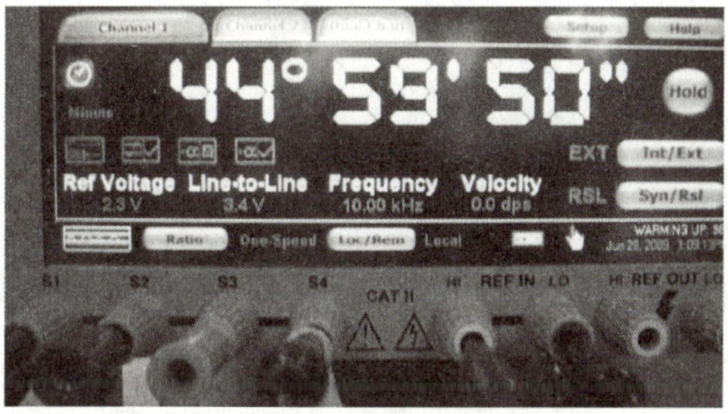

图 6-32　旋转变压器解码后角度显示

（3）电气误差　输出电动势和转角之间应符合严格的正、余弦关系。如果不符，就会产生误差，这个误差角称为电气误差。根据不同的误差值确定旋转变压器的精度等级。不同的旋转变压器类型，所能达到的精度等级不同。多极旋转变器可以达到高的精度，电气误差可以角秒（″）来计算；一般的单极旋转变压器，电气误差在（5′～15′）之内；对于磁阻式旋转变压器，由于结构原理的关系，电气误差偏大。磁阻式旋变一般都做到两对极以上。两对极磁阻式旋转变压器的电气误差，一般在 60′（1°）以下。但是，在现代的加工条件下，增加极对数，也可以提高精度，电气误差也可控制在数角秒（″）之内。

（4）阻抗　一般而言，旋转变压器的阻抗随转角变化而变化，以及和一次［侧］、二次［侧］之间相互角度位置有关。因此，测量时应该取特定位置。阻抗有开路输入阻抗、开路输出阻抗、短路输入阻抗、短路输出阻抗 4 个。在目前的应用中，作为旋转变压器负载的电子电路阻抗都很大，因而往往都把电路看作空载运行。在这种情况下，实际上只给出开路输入阻抗即可。

（5）相位移　它是指在二次［侧］开路的情况下，二次［侧］输出电压相对于一次［侧］励磁电压在时间上的相位差。相位差的大小，随着旋转变压器的类型、尺寸、结构和励磁频率不同而变化。一般小尺寸、频率低、极数多时相位移大，磁阻式旋变相位移最大，环形变压器式的相位移次之。

（6）零位电压　输出电压基波同相分量为零的点称为电气零位，此时所具有的电压称为零位电压。

（7）基准电气零位　确定为角度位置参考点的电气零位点称作基准电气零位。

2. 旋转变压器的信号变换

旋转变压器的信号输出是两相正交的模拟信号，它们的幅值随着转角做正余弦变化，频率和励磁频率一致。这样一个信号还不能直接应用，需要角度数据变换电路，把这个模拟量变换成明确的角度量，这就是 RDC（Resolver Digital Converter—旋转变压器数字变换器）电路。在数字变换中有两个明显的特征：

1）为了消除由于励磁电源幅值和频率的变化，所引起的二次［侧］输出信号幅值和频率的变化，从而造成角度误差，信号的检测采用正切法，即检测两相信号的比值：$\frac{\sin\theta}{\cos\theta}$，这就避免了幅值和频率变化的影响。

2）采用适时跟踪反馈原理测角，是一个快速的数字随动系统。

目前采用的大多都是专用集成电路，例如美国 AD 公司的 AD2S1200、AD2S1205 带有参考振荡器的 12 位 RDC 以及 AD2S1210 10～16 位数字、带有参考振荡器的数字可变 RDC。图 6-33所示是旋转变压器和 RDC 的连接图示意，位置信号和速度信号都是绝对值信号，它们的位数由 RDC 的类型和实际需要决定（10～16 位）。有串行或并行两种形式的输出。上述的几种 RDC 芯片，还可将输出信号变换成编码器形式的输出，即正交的 A、B 和每转一个的 Z 信号。励磁电源同时接到旋转变压器和 RDC，在 RDC 中作为相位的参考。

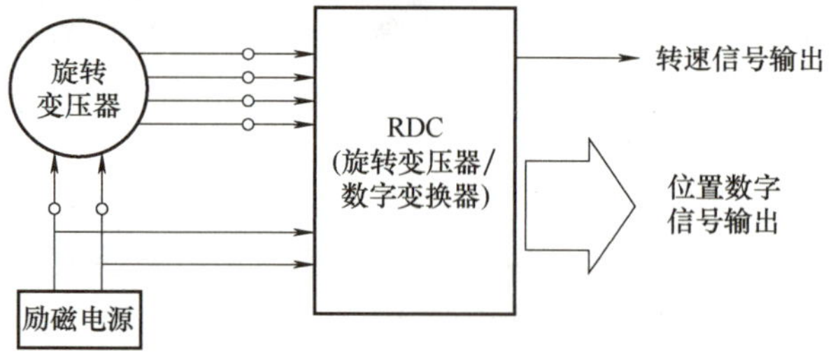

图 6-33　旋转变压器和 RDC 的连接图

利用 DSP（数字信号处理器）技术和软件技术，不用 RDC 芯片，直接用 DSP 作旋转变压器位置和速度变换，已经成为现实，如 TI 公司的 DSP 芯片 TMS320F240。用 DSP 实现旋转变压器的解码，具有明显的优点：

① 降低成本，取消了专用的 RDC IC 芯片。

② 采用数字滤波器，可以消除速度带来的滞后效应。用软件实现带宽的变换，以折中

带宽和分辨率的关系，并使带宽作为速度的函数。

③ 抗环境噪声的能力更强。

四、旋转变压器的检测

以北汽 EV160 车型电机旋变传感器为例讲解旋转变压器的检修，北汽 EV160 车型电机的低压接口中包含旋变传感器和电机温度传感器，可用来帮助检测驱动电机的工作信息。旋转变压器用来检测驱动电机转子位置；温度传感器用来检测驱动电机的绕组温度。电机控制器是驱动电机系统的控制中心，它对所有的输入信号进行处理，并将驱动电机控制系统运行状态的信息发送给整车控制器。电机控制器内含功能诊断电路，当诊断出异常时，它将会激活 1 个故障码，发送给整车控制器。其接口外形如图 6-34 所示，电路及针脚定义如图 6-35 所示。

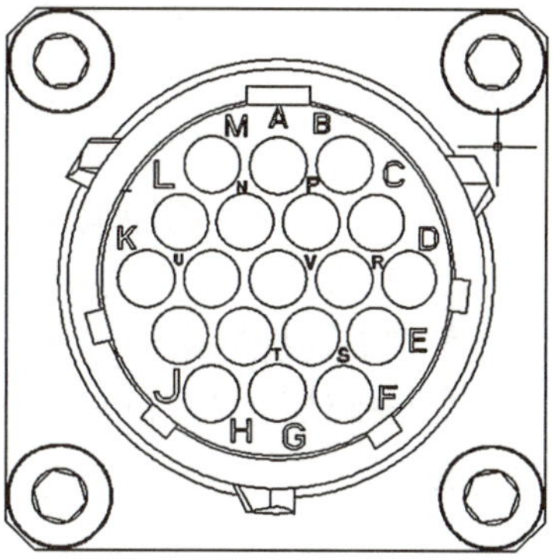

图 6-34　北汽 EV160 电机的低压接口外形

电机旋变传感器主要是由三组信号绕组组成：励磁绕组、正弦绕组、余弦绕组；传感器绕组固定在壳体上（固定不动），信号齿圈固定在转子上（随转子转动），其结构如图 6-36 所示。

电机旋变传感器主要作用是：监测电机转子的转速，并将转子的位置反馈给电机控制器，是一种输出电压随转子转角变化的信号元件。当励磁绕组以一定频率的交流电压励磁时，输出绕组的电压幅值与转子转角成正弦、余弦函数关系，或保持某一比例关系，或在一定转角范围内与转角呈线性关系。

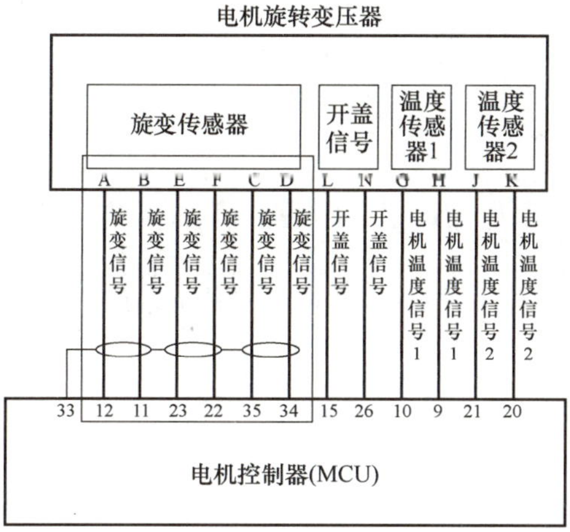

编号	信号名称	说明
A	励磁绕组R1	电机旋变传感器接口
B	励磁绕组R2	
C	余弦绕组S1	
D	余弦绕组S3	
E	正弦绕组S2	
F	正弦绕组S4	
G	TH0	电机温度传感器接口
H	TL0	
J	TH1	电机温度传感器接口
K	TL1	
L	HVIL1(+L1)	高低压互锁接口
N	HVIL2(+L2)	

图 6-35　北汽 EV160 电机低压接口电路图及针脚定义

电机旋变传感器的诊断与检测方法如下：

1）旋变传感器故障时，用诊断仪一定能诊断出故障码。第一步就是确定为旋变传感器故障。

2）旋变传感器检测方法：因为旋变传感器主要是由绕组构成，而测量的最好方法就是用电阻测量方法进行：

励磁绕组参考电压：打开点火开关 ON 档测量插件端应有 3 ~3.5V 交流电压。

正弦绕组阻值：拔下插件测量传感器端子，应有（60 ± 10）Ω。

余弦绕组阻值：拔下插件测量传感器端子，应有（60 ± 10）Ω。

励磁绕组阻值：拔下插件测量传感器端子，应有（30 ± 10）Ω。

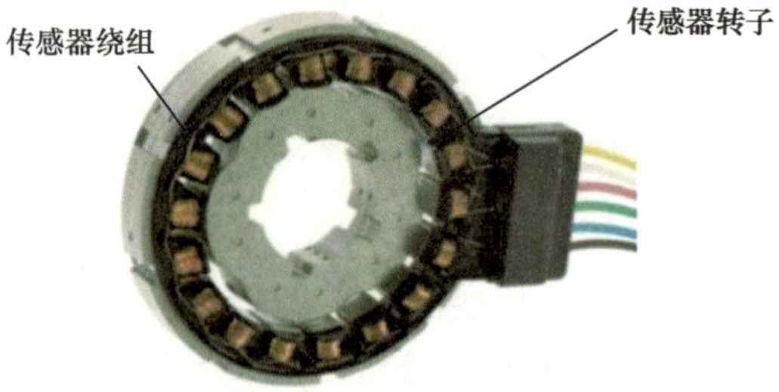

图 6-36　旋变传感器结构

3）两两针脚测量电阻值，在上述范围内是否正常（从电机控制器端进行测量，这样也可以确定电机控制器与电机旋变传感器电路是否正常）；如果不正常则需要从电机端进行测量，确定是否在内部发生断路或损坏，如果是在内部则需要拆卸电机总成，单独更换旋变传感器。也可以用示波器测量各绕组输出波形，进一步确认控制器和传感器好坏，其正常输出波形如图 6-37 所示。

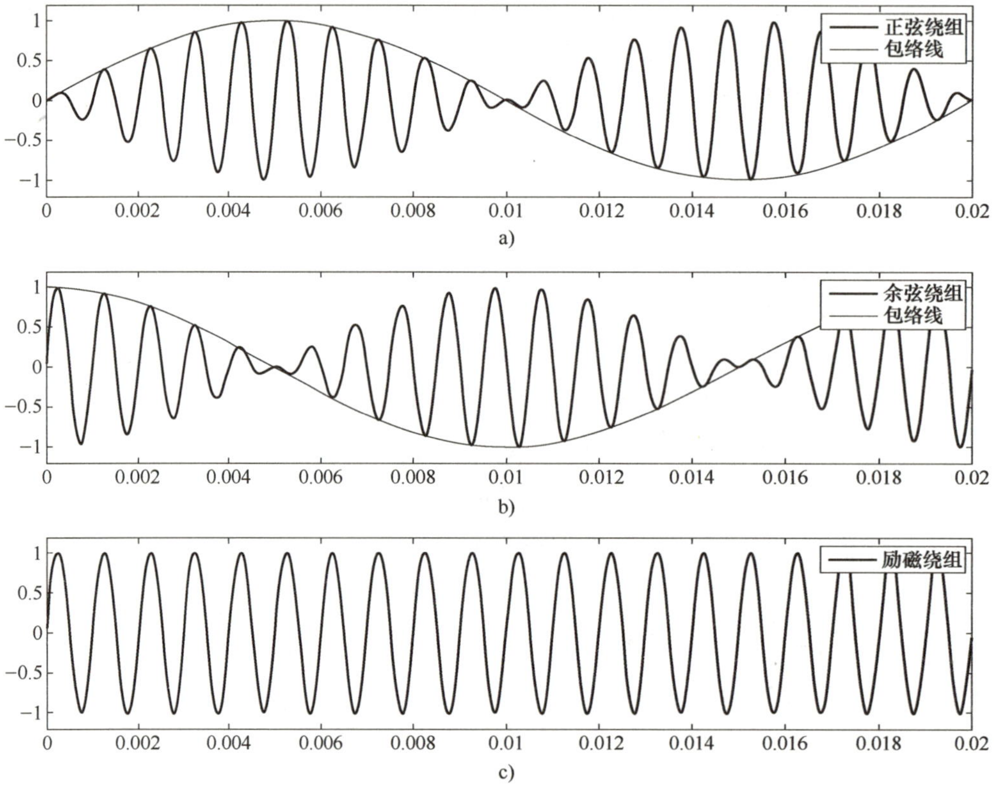

图 6-37　各绕组输出波形

【知识检测】

一、选择题

1. 旋变传感器的作用是（　　）。

A. 检测驱动电机位置
B. 检测驱动电机转速
C. 检测驱动电机电流

2. 旋变传感器的内部线圈有（　　）组。

A. 1　　B. 2　　C. 3　　D. 4

3. 旋变传感器的内部有哪几组线圈？（　　）

A. 励磁绕组　　B. 感应绕组　　C. 正弦绕组　　D. 余弦绕组

4. 旋变传感器的检测方法有（　　）。

A. 测量各个绕组电流
B. 测量各个绕组电阻
C. 测量各个绕组波形

二、填空题

旋转变压器的主要参数和性能指标有＿＿＿＿＿＿，＿＿＿＿＿＿，＿＿＿＿＿＿，＿＿＿＿＿＿，＿＿＿＿＿＿，＿＿＿＿＿＿，＿＿＿＿＿＿。

任务4　气体传感器的检测

【学习导入】

太阳系外行星 HD 209458b（图 6-38）是一颗木星大小，围绕恒星 HD 209458 运行的系外行星，距离地球 154 光年。它的大气中含有氢、碳、氧气、钠、二氧化碳、甲烷甚至水蒸气。尽管人们从未造访这些星球，也未对其大气进行直接取样，依然能够获得上述信息。得到这些信息，并不需要直接造访，只要观测从它们大气中穿过或反射的光线，用光谱测量的方法就可以推测出气体的成分，那光谱测量的原理是什么？还有哪些气体测量方法？本任务就来学习气体传感器的相关知识。

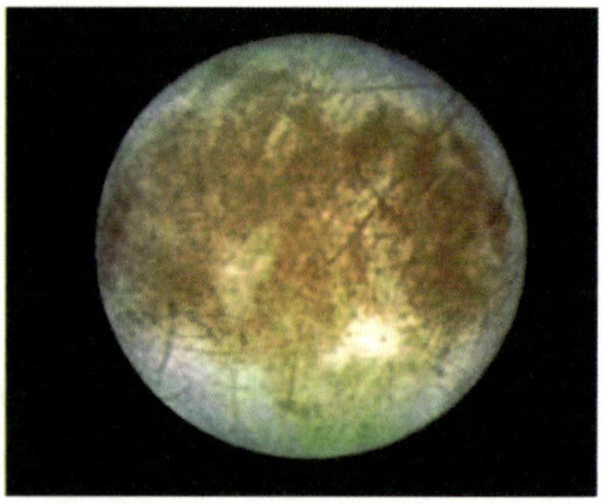

图 6-38　HD 209458b 行星

【相关知识】

一、气体传感器分类

气体传感器（Gas Sensor）是以气敏器件为核心组成的能把气体成分转换成电信号的装置。它具有响应快，定量分析方便，成本低廉，实用性广等优点，应用越来越广。

气体种类繁多，性质各异，因此，气体传感器种类也很多。按待检气体性质可分为：用于检测易燃易爆气体（如氢气、一氧化碳、汽油挥发气等）的传感器；用于检测有毒气体（如氯气、硫化氢、砷烷等）的传感器；用于检测工业过程气体（如炼钢炉中的氧气、热处理炉中的二氧化碳）的传感器；用于检测大气污染（如形成酸雨的 NO_x、CH_4、O_3，家庭污染如甲醛等）的传感器。按传感器检测原理，通常分为热学式气体传感器、电化学式气体传感器、磁学式气体传感器、光学式气体传感器、半导体式气体传感器、气相色谱式气体传感器等。

对气体传感器的基本性能要求是：

1）选择性，能按要求检测出气体的浓度，不受其他气体或物质的干扰。

2）重复性，可以重复多次使用，有较长的使用寿命和稳定性。

3）实时性，即动态特性要好等。

1. 半导体式气体传感器

它是根据由金属氧化物或金属半导体氧化物材料制成的检测元件，通过与气体相互作用时产生表面吸附或反应，引起载流子运动为特征的电导率或伏安特性或表面电位变化而进行气体浓度测量。半导体式气体传感器如图6-39所示。

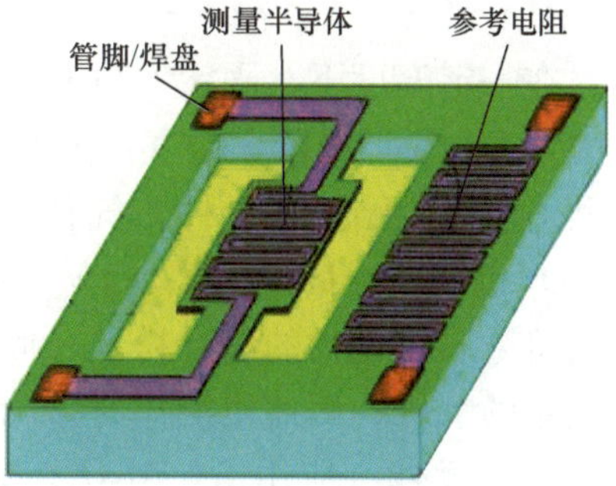

图6-39　半导体式气体传感器的结构

半导体式气体传感器可以检测百分比浓度的可燃气体，也可检测ppm级的有毒、有害气体。从作用机理上可分为表面控制型（采用气体吸附于半导体表面而产生电导率变化的敏感元件）、表面电位型（采用半导体吸附气体后产生表面电位或界面电位变化的气体敏感元件）、体积控制型（基于半导体与气体发生反应时体积发生变化，从而产生电导率变化的敏感元件）等。

优点：结构简单、价格低廉、检测灵敏度高、反应速度快等。

缺点：测量线性范围较小，受背景气体干扰较大，易受环境温度影响等。

2. 固体电解质气体传感器

固体电解质是一种具有与电解质水溶液相同的离子导电特性的固态物质，当用作气体传感器时，它是一种电池。它无须使气体经过透气膜溶于电解液中，可以避免溶液蒸发和电极消耗等问题。由于这种传感器电导率高，灵敏度和选择性好，几乎在石化、环保、矿业、食品等各个领域都得到了广泛的应用，其重要性仅次于金属—氧化物半导体式气体传感器。

这种传感器介于半导体式气体传感器和电化学式气体传感器之间，选择性、灵敏度高于半导体式气体传感器，寿命长于电化学式气体传感器，因此得到广泛应用。这种传感器的不足之处是响应时间过长。下面以汽车用的氧化锆式氧传感器为例讲解其工作原理。

氧化锆（ZrO_2）是典型的气体传感器的材料。纯正的氧化锆在常温下是单斜晶结构，当温度升到1000℃左右时就会发生同质异晶转变，由单斜晶结构变为多晶结构，并伴随体积收缩和吸热反应，因此是不稳定结构。在ZrO_2中掺入稳定剂（如碱土氧化钙CaO或稀土氧化钇Y_2O_3），使其成为稳定的萤石立方晶体，稳定程度与稳定剂的浓度有关。ZrO_2加入稳定剂后在1800℃下烧结，其中一部分锆离子就会被钙离子替代，生成（ZrO・CaO）。由于Ca^{2+}是正二价离子，Zr^{4+}是正四价离子，为继续保持电中性，会在晶体内产生氧离子O^{2-}空穴，这是（ZrO・CaO）在高温下传递氧离子的原因，结果是（ZrO・CaO）在300～800℃成为氧离子的导体。但要真正能够传递氧离子还必须在固体电解质两边有不同的氧分压（氧位差），形成所谓的浓差电池。其结构原理如图6-40所示，两边是多孔

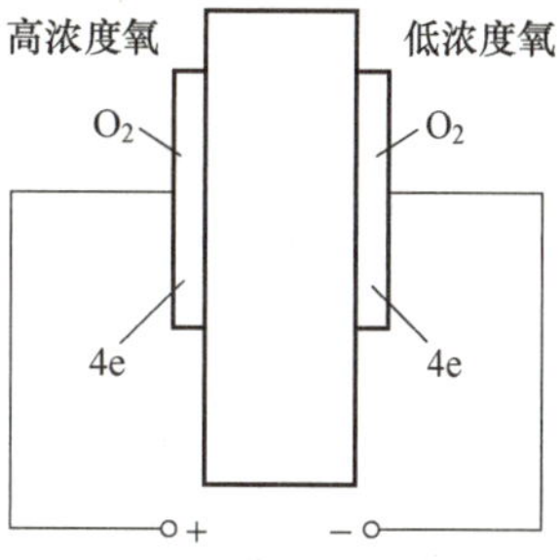

图6-40　氧化锆式氧传感器结构

的贵金属电极，与中间致密的 ZrO · CaO 材料制成夹层结构。

设电极两边的氧分压分别为 $P_{O_2}(1)$、$P_{O_2}(2)$，在两电极发生如下反应：

$$(+)\text{ 极：} P_{O_2}(2)，2O^{2-} \longrightarrow O_2 + 4e$$

$$(-)\text{ 极：} P_{O_1}(1)，O_2 + 4e \longrightarrow 2O^{2-}$$

上述反应的电动势用能斯特方程表示为

$$E = \frac{RT}{vF}\ln\frac{P_{O_2}(1)}{P_{O_2}(2)} \text{或} E = 0.0496\ln\frac{P_{O_2}(1)}{P_{O_2}(2)} \tag{6-9}$$

可见，在一定温度下，固定 $P_{O_2}(1)$，由式（6-9）可求出传感器（+）极待测氧气的浓度。

固定 $P_{O_2}(1)$ 实际上是（-）极形成一个电位固定的电极，即参比电极，有气体参比电极和共存相参比电极两种。气体参比电极可以是空气或其他混合气体，如 H_2—H_2O，CO—CO_2 也能形成固定的 $P_{O_2}(1)$。共存相参比电极是指金属—金属氧化物、低价金属氧化物—高价金属氧化物的混合粉末（固相），这些混合物与氧气（气相）混合发生氧化反应能形成同定的氧压，因此也能作为参比电极。

除了测氧外，应用 β—Al_2O_3、碳酸盐、NASICON 等固体电解质传感器，还可用来测 CO、SO_2、NH_4 等气体。近年来还出现了锑酸、La_3F 等可在低温下使用的气体传感器，并可用于检测正离子。

3. 催化燃烧式气体传感器

这种传感器实际上是基于铂电阻温度传感器的一种气体传感器，即在铂电阻表面制备耐高温催化剂层，在一定温度下，可燃气体在表面催化燃烧，因此铂电阻温度升高，导致电阻的阻值变化。

催化燃烧式气体传感器的结构如图 6-41 所示。由于催化燃烧式气体传感器铂电阻外通常由多孔陶瓷构成陶瓷珠包裹，因此这种传感器通常也被称为催化珠气体传感器。理论上这种传感器可以检测所有可以燃烧的气体，通常用于检测空气中的甲烷、LPG、丙酮等可燃气体。

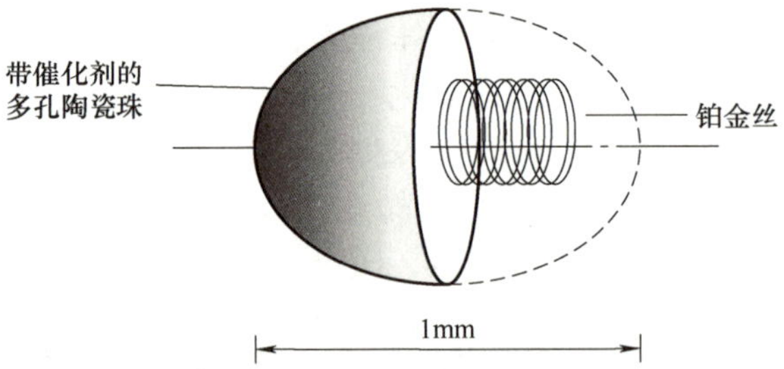

图 6-41　催化燃烧式气体传感器结构

4. 电化学式气体传感器

电化学式气体传感器是把测量对象气体在电极处氧化或还原来测电流，从而得出对象气体浓度的探测器，其结构如图 6-42 所示。它包含原电池型气体传感器、恒定电位电解池型气体传感器、浓差电池型气体传感器和极限电流型气体传感器。

（1）原电池型气体传感器　也称加伏尼电池型气体传感器、燃料电池型气体传感器、自发电池型气体传感器，他们的原理与干电池相似，只是电池的碳锰电极被气体电极替代了。以氧气传感器为例，氧在阴极被还原，电子通过电流表流到阳极，在那里铅金属被氧化。电流的大小与氧气的浓度直接相关。这种传感器可以有效地检测氧气、二氧化硫等。

（2）恒定电位电解池型气体传感器　这种传感器用于检测还原性气体非常有效，它的原理与原电池型传感器不一样，它的电化学反应是在电流强制下发生的，是一种真正的库仑分析（根据电解过程中消耗的电量，由法拉第定律来确定被测物质含量）传感器。这种传感器用于：一氧化碳、硫化氢、氢气、氨气等气体的检测之中，是目前有毒有害气体检测的主流传感器。

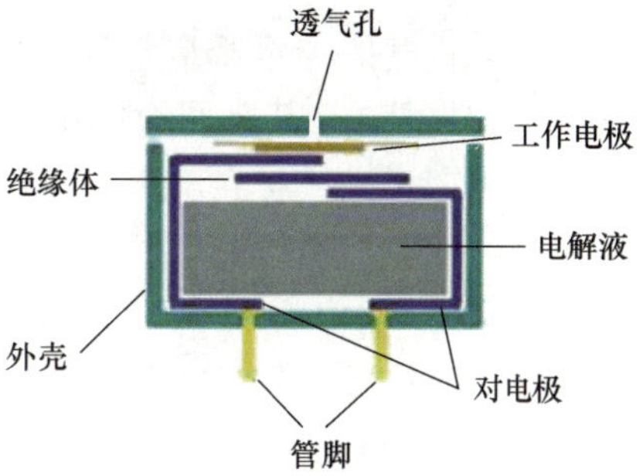

图 6-42　电化学式气体传感器结构

（3）浓差电池型气体传感器　具有电化学活性的气体在电化学电池的两侧，会自发形成浓差电动势，电动势的大小与气体的浓度有关，这种传感器实例就是汽车用氧传感器、固体电解质型二氧化碳传感器。

（4）极限电流型气体传感器　这种传感器利用电化池中的极限电流与载流子浓度相关的原理制备氧（气）浓度传感器，用于汽车的氧气检测和钢水中氧浓度检测。

优点：体积小，功耗小，线性和重复性较好，分辨率一般可以达到 0.1×10^{-6}，寿命较长。

缺点：易受干扰，灵敏度受温度变化影响较大。

5. 光离子化气体传感器

光离子化气体传感器由紫外光源和气室构成，如图 6-43 所示。紫外发光原理与日光灯管相同，只是频率高，能量大。被测气体到达气室后，被紫外灯发射的紫外光电离产生电荷流，气体浓度和电荷流的大小正相关，测量电荷流即可测得气体浓度。可以检测从 10×10^{-6} 到较高浓度的 10000×10^{-6} 的挥发性有机物和其他有毒气体。许多有害物质都含有挥发性有机化合物，PID 对挥发性有机化合物灵敏度很高。

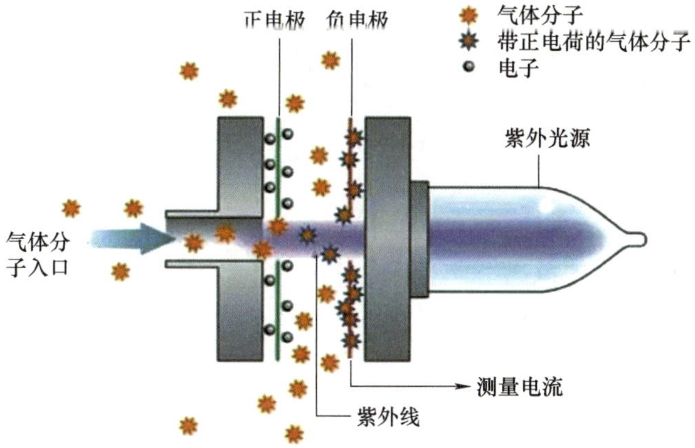

图 6-43　光离子化气体传感器的结构

6. 热学式气体传感器

热学式气体传感器主要有热导式和热化学式两大类。

热导式气体传感器是利用气体的热导率，通过对其中热敏元件电阻的变化来测量一种或几种气体组分浓度的。其在工业界的应用已有几十年的历史，其仪表类型较多，能分析的气体也较广泛。

热化学式气体传感器是基于被分析气体化学反应的热效应，其中广泛应用的是气体的氧化反应（即燃烧），其典型为催化燃烧式气体传感器，其主要工作原理是在一定温度下，一些金属氧化物半导体材料的电导率会跟随环境气体的成分变化而变化，其关键部件为涂有燃烧催化剂的惠斯通电桥。

7. 红外气体传感器

红外气体传感器内部结构如图6-44所示。一个完整的红外气体传感器由红外光源、光学腔体、红外探测器和信号调理电路等构成。这种传感器利用气体对特定频率的红外光谱的吸收作用制成。红外光从发射端射向接收端，当有气体时，对红外光产生吸收，接收到的红外光就会减少，从而检测出气体含量。目前较先进的红外气体传感器采用双波长、双接收器，使检测更准确、可靠。

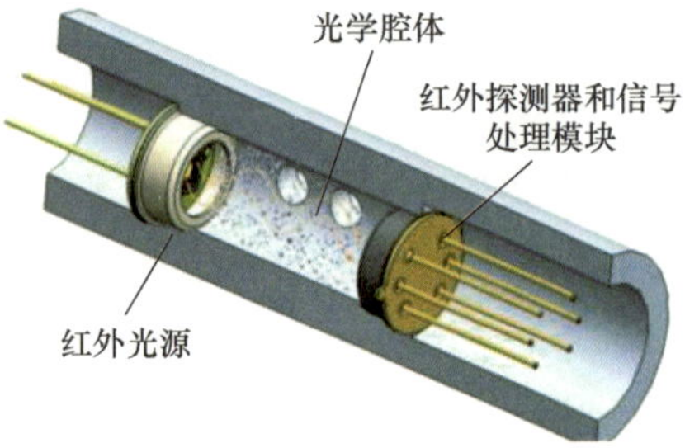

图6-44　红外气体传感器内部结构

优点：选择性好，只检测特定波长的气体，可以根据气体定制；采用光学检测方式，不易受有害气体的影响而中毒、老化；响应速度快、稳定性好；利用物理特性，没有化学反应，防爆性好；信噪比高，抗干扰能力强；使用寿命长；测量精度高。

缺点：测量范围窄；怕灰尘、潮湿，现场环境要好，需要定期对反射镜面上的灰尘进行清洁维护；现场有气流时无法检测；价格较高。

8. 磁学式气体分析传感器

在磁学式气体分析传感器中，最常见的是利用氧气的高磁化特性来测量氧气浓度的磁性氧量分析传感器，利用的是空气中的氧气可以被强磁场吸引的原理。其氧量的测量范围最宽，是一种十分有效的氧量测量传感器。

常用的有热磁对流式氧量分析传感器（按构成方式不同，又可细分为测速热磁式、压力平衡热磁式）和磁力机械式氧量分析传感器。

主要用途：用于氧气的检测，选择性极好，是磁性氧气分析仪的核心。其典型应用场合有废气、尾气、烟气等排放的环保监测等。

9. 气相色谱式分析仪

气相色谱式分析仪是基于色谱分离技术和检测技术，以分离并测定气样中各组分浓度，因此是全分析传感器。在发电厂锅炉试验中，已有应用。

气相色谱式分析仪结构如图6-45所示。

工作时，从进样装置定期采取一定容积的气样，在流量一定的纯净载气（即流动相）携带下，流经色谱柱，色谱柱中装有称为固定相的固体或液体，利用固定相对气样各组分的吸收或溶解能力的不同，使各组分在两相中反复进行分配，从而使各组分分离，并按时间先后流出色谱柱进入检测器进行定量测定。

根据检测原理，气相色谱式分析仪又细分为浓度型检测器和质量型检测器两种。

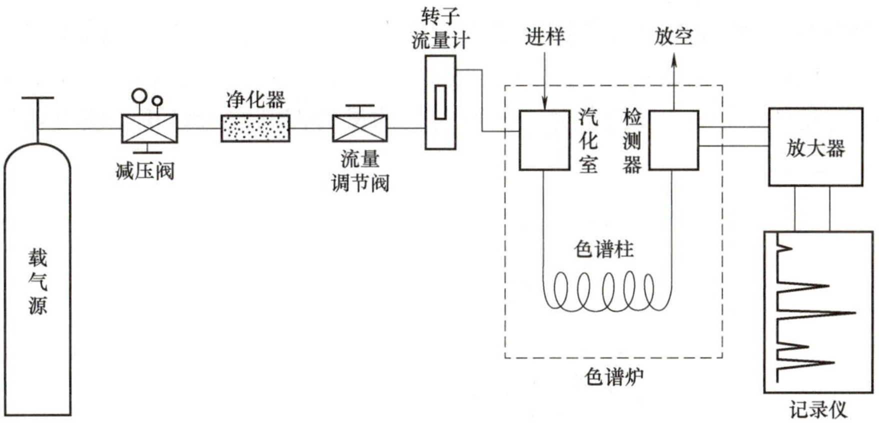

图 6-45　气相色谱式分析仪结构

浓度型检测器测量的是气体中某组分浓度瞬间的变化，即检测器的响应值和组分的浓度成正比。

质量型检测器测量的是气体中某组分进入检测器的速度变化，即检测器的响应值和单位时间进入检测器某组分的量成正比。最常用的检测器有 TCD 热导检测器、FLD 氢火焰离子化检测器、HCD 电子捕获检测器、FPD 火焰光度检测器等。

优点：灵敏度高，适合于微量和痕量分析，能分析复杂的多相分气体。

缺点：定期取样不能实现连续进样分析，系统较为复杂，多用于试验室分析用，不太适合工业现场气体监测。

10. 其他气体传感器

（1）超声波气体探测器　这种气体探测器比较特殊，其原理是当气体通过很小的泄漏孔从高压端向低压端泄漏时，就会形成湍流，产生振动。典型的湍流气流会在差压高于 0. 2MPa 时产生超声波。湍流分子互相碰撞产生热能和振动，热能快速分散，但振动会被传送到相当远的距离。超声波探测器就是通过接收超声波判断是否有空气泄漏。

这类探测器通常用于石油和天然气平台、发电厂燃气轮机、压缩机以及其他户外管道。

（2）磁氧分析仪　这种气体分析仪是基于氧气的磁化率远大于其他气体磁化率这一物理现象，测量混合气体中氧气的一种物理气体分析设备。这种设备适合自动检测各种工业气体中的氧气含量，只能用于氧气检测，选择性极好。

二、气体传感器检测

气体传感器种类众多，下面以汽车广泛使用的氧传感器和空燃比传感器为例讲解气体传感器的检测方法。汽车的氧传感器和空燃比传感器都安装在发动机的排气管上，与排气管中的废气接触，用来检测排气中氧气分子的浓度，并将其转换成电压信号。电控单元（ECM）根据这一信号对喷油量进行调整，以实现对可燃混合气浓度的精确控制，改善发动机的燃烧过程，达到即降低排放污染，又减少燃油消耗的目的。

只能在理论空燃比附近工作的传感器称为氧传感器，可以在整个稀薄燃烧区范围内工作的传感器称为空燃比传感器。

1. 氧传感器的结构与工作原理

氧传感器可以安装在发动机的排气管上（图 6-46），位于三元催化转化器的前面或后面。安装在三元催化转化器前面的氧传感器的作用是通过检测废气中氧分子的浓度，让 ECM 获得可燃混合气浓度的反馈信号，据此对喷油量的控制进行修正，使混合气的空燃比更接近于理论空燃比。

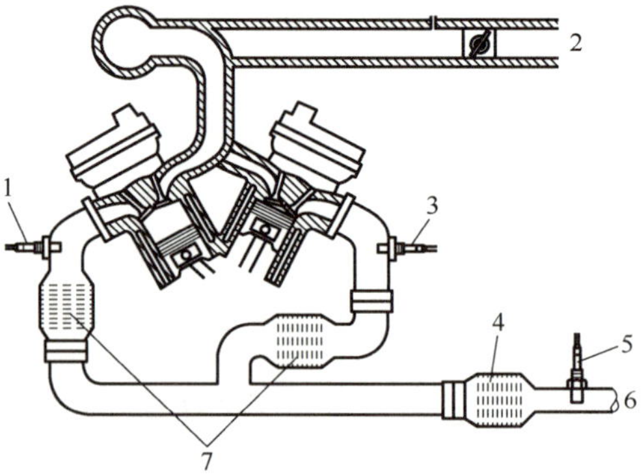

图 6-46　氧传感器的安装位置

1—氧传感器（左前）　2—进气管　3—氧传感器（右前）　4—三元催化转化器
5—氧传感器（后）　6—排气管　7—预热式三元催化转化器

氧传感器通常和安装在排气管中段的三元催化转化器一同使用，以保证混合气的空燃比处于接近理论空燃比的一个窄小范围内，从而使三元催化转化器能充分发挥其净化作用。安装在三元催化转化器后面的氧传感器则用于监测三元催化转化器的工作效率，以保证其能正常发挥作用。目前车用大多为氧化锆型氧传感器，氧化锆氧传感器内有一个由氧化锆陶瓷体制成的一端封闭不透气的管状体（简称锆管，图 6-47）。锆管的内外表面各自覆盖着一层透气的多孔性薄铂层，作为电极。锆管内表面电极与空气相通，外表面则与废气接触。锆管外部套有一个带长缝槽的耐热金属套管，对锆管起保护作用。

在外电极表面还有一层多孔陶瓷涂层，这样既可以防止废气烧蚀电极，又可保证废气渗进保护层，和电极接触。发动机运转时，锆管两侧存在氧浓度差，使锆管形成微电池，在锆管两个铂电极间产生一个微小的电压（图 6-48a）。当混合气的实际空燃比小于理论空燃比，即发动机以较浓的混合气运转时，排气中缺氧，锆管中氧离子移动较快，并产生 0.6～0.9V 的电压；当混合气的实际空燃比大于理论空燃比，即发动机以较稀的混合气运转时，废气中有一定的氧分子，使锆管中氧离子的移动能力减弱，只产生 0.1～0.3V 的电压。氧传感器信号随混合气成分不同而变化的，并以理论空燃比为界产生突变（图 6-48b）。

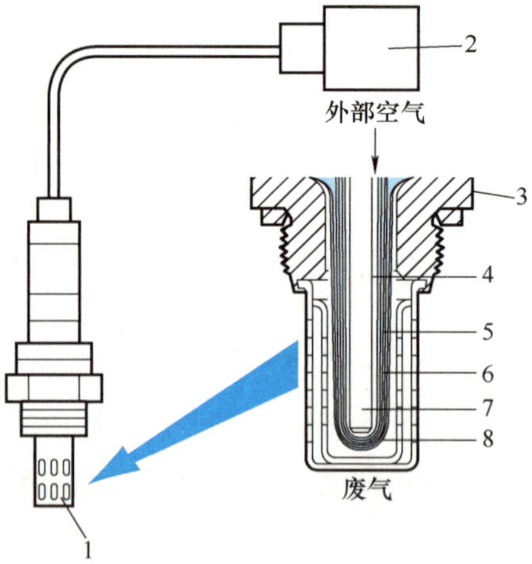

图 6-47　氧化锆氧传感器的结构

1—保护罩　2—接线端子　3—外壳（接地）
4—空气侧铂电极　5—氧化锆陶瓷体（锆管）
6—排气侧铂电极　7—加热器　8—陶瓷涂层

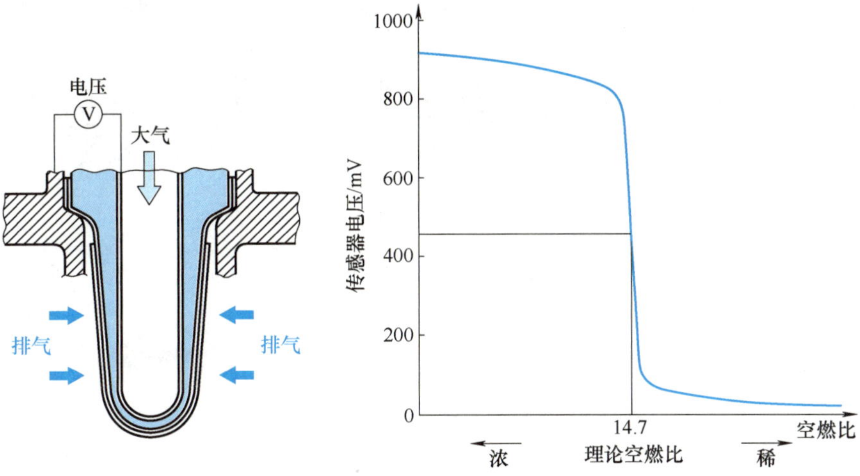

a)　　b)

图 6-48　氧传感器工作原理图

电控单元（ECM）根据氧传感器的信号电压的高低判定混合气的浓度。当信号电压大于 0.45V 时，ECM 判定混合气过浓；相反，当信号电压低于 0.45V 时，ECM 判定混合气过稀。ECM 根据氧传感器传来的信号，及时对混合气的浓度进行修正，使之尽可能接近 14.7∶1的理论空燃比。因此氧传感器是 ECM 控制可燃混合气浓度的重要传感器。氧化锆的这种特性只有在较高温度时（600℃左右）才能充分体现出来，带加热器的氧传感器内有一个陶瓷加热元件，可在发动机起动后的 20～30s 内迅速将氧传感器加热至工作温度（图 6-49）。采用氧传感器的发动机必须使用无铅汽油。

2. 空燃比传感器的结构与工作原理

空燃比传感器又叫宽带氧传感器（或宽范围氧传感器、线性氧传感器、稀混合比氧传感器等）。它能连续检测出稀薄燃烧区的空燃比，可正常工作的空燃比范围为 12∶1～20∶1，使得 ECM 在非理论空燃比区域范围内实现喷油量的反馈控制成为可能。空燃比传感器有单元件和双元件两种结构形式。

（1）单元件空燃比传感器　单元件空燃比传感器如图 6-50 所示。其氧化锆元件采用平面型结构，两侧有铂电极，其中正极通过空气腔与大气相通，负极与排气之间有一多孔性的扩散障碍层和多孔氧化铝层，排气管中的氧分子可以通过多孔性氧化铝层和扩散障碍层到达阴极表面。如图 6-51a 所示，控制电路使正极的电压高于负极，从而在氧化锆元件中产生一个泵电流，阴极上的氧分子在此电流的作用下移动到阳极。ECM 内的平衡监控电路控制泵电流的大小，通过改变两极之间的电压差，使泵电流达到饱和状态。达到饱和状态时的泵电流的大小取决于氧向扩散腔的扩散速率，并与排气中的氧分子浓度成正比，或与混合气的空燃比数值成反比。此电流的大小在 ECM 内部被转换成与混合气空燃比数值成正比的电压信号。实际的空燃比信号电压值在 2.4～4.0V 变化（图 6-51b）。单元件空燃比传感器和氧传感器一样，有 4 根接线（图 6-51a），其中 2 根为氧化锆的 2 个电极，它们之间的电压差约为 0.4V，另外 2 根为加热器的接线。

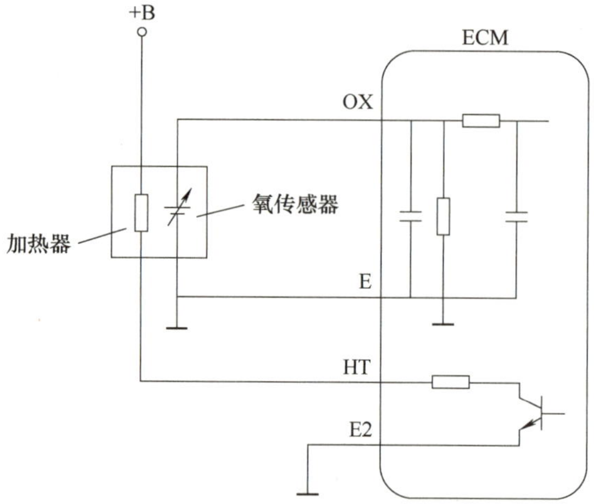

图 6-49 氧传感器的控制电路

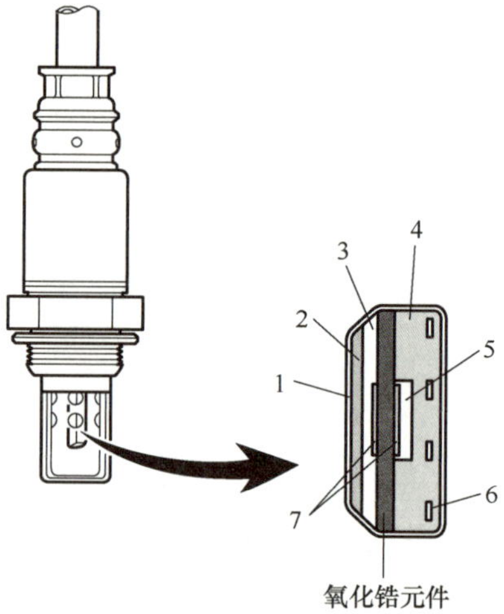

图 6-50 单元件空燃比传感器

1—陶瓷涂层 2—多孔氧化铝 3—扩散障碍层 4—氧化铝 5—空气 6—加热器 7—铂电极

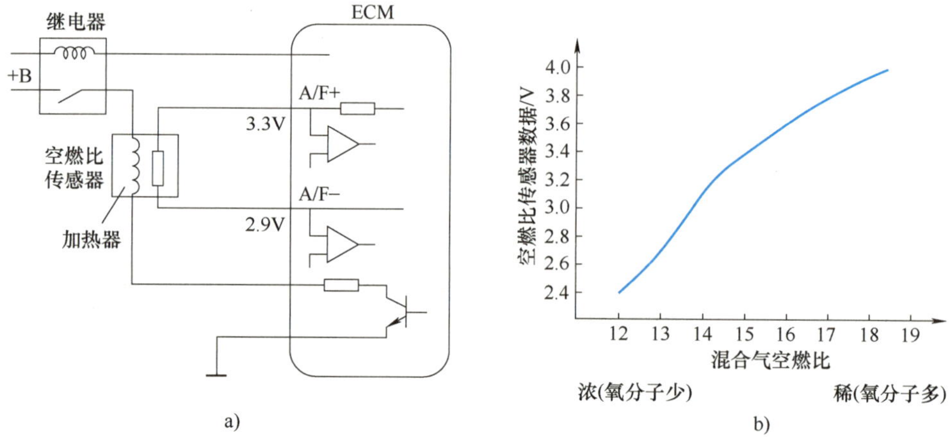

图 6-51 单元件空燃比传感器的控制电路

（2）双元件空燃比传感器 如图 6-52 所示，双元件空燃比传感器由 2 个氧化锆单元组成，其中靠近排气侧的是一个泵氧单元 A，另一个靠近大气的是电池单元 B。B 的一面与大气接触而另一面是扩散腔，通过扩散孔与排气接触，由于两侧的氧含量不同，因此在两电极之间产生一个电动势。ECM 监测电池单元 B 的电压差信号端的电压值，并控制施加于泵氧单元 A 上的电压，以改变其泵电流，造成氧离子的移动，以改变扩散腔内的氧分子浓度，使电池单元 B 的电压差信号值维持在 0.45V。ECM 根据此时泵氧电流（即输入泵电流）的大小和方向计算出相应的混合气浓度。双元件空燃比传感器有 5 根接线端子，其中 2 根是加热器的接线，1 根是泵氧单元和电池单元共用的参考搭铁线，1 根为电池单元的信号线，另 1 根是泵氧单元泵电流的输入线。为了补偿制造厂误差，制造厂在每个传感器的泵电流电路上增加一个微调电阻，使 5 根接线的空燃比传感器变为 6 根接线。

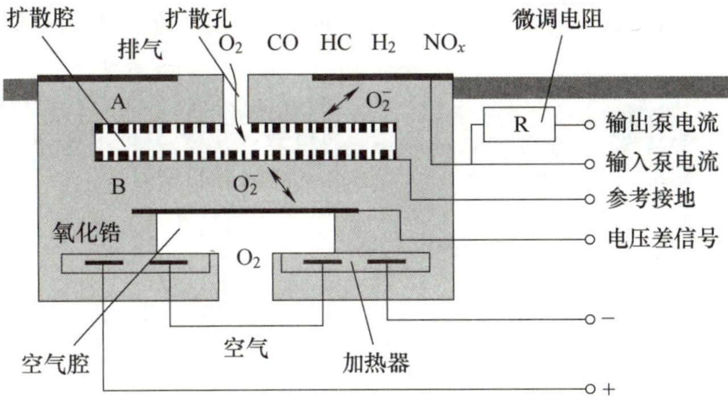

图6-52　双元件空燃比传感器原理

3. 氧传感器的检测

氧传感器的检测内容和方法如下：

（1）测量氧传感器加热器电阻　拔下氧传感器线束插头，测量氧传感器接线端中加热器接柱与搭铁接柱之间的电阻，其阻值应为4～40Ω。如不符合标准，应更换氧传感器。

（2）测量氧传感器反馈电压　检测方法如下：

1）将发动机热车至正常工作温度（或起动后以2500r/min的转速连续运转2min）。

2）用电压表的负极测笔接氧传感器线束插头上的引出线。

3）让发动机以2500r/min的转速保持运转，同时检查电压表的指示值能否在0～1V来回变动，记下10s内电压变动的次数。在正常情况下，随着反馈控制的进行，氧传感器的反馈电压将在0.45V附近不断变化，10s内反馈电压的变化次数应不少于8次。

4）若电压表指示值在10s内的变动次数不小于8次，则说明氧传感器工作正常。若电压表指示值在10s内的变动次数少于8次，说明氧传感器不正常。

5）检查氧传感器有无损坏。拔下氧传感器的线束插头，将电压表的正极测笔直接与氧传感器反馈电压输出端连接，人为地形成稀混合气，电压表指针读数应下降。人为地形成浓混合气，电压表指针读数应上升。如果氧传感器的反馈电压无上述变化，表明氧传感器已损坏。需要说明的是，电子节气门的发动机不可采用此方法。

（3）测量氧传感器的信号电压　氧传感器的信号电压也可以用示波器检测，其方法如下。

1）将发动机热车至正常工作温度。

2）将示波器测头和氧传感器的信号输出导线连接。

3）让发动机以2500r/min的转速稳定运转，同时检查氧传感器的信号波形。正常的氧传感器信号的波形如图6-53所示。如果信号波形不规则（图6-54a）或信号电压始终过高（图6-54b）或过低，则为氧传感器或反馈控制系统有故障。

4）为区别氧传感器和反馈控制系统的故障，可以人为地加浓或形成稀混合气，同时观察氧传感器信号波形的变化。如果在混合气从浓变稀或从稀变浓时，氧传感

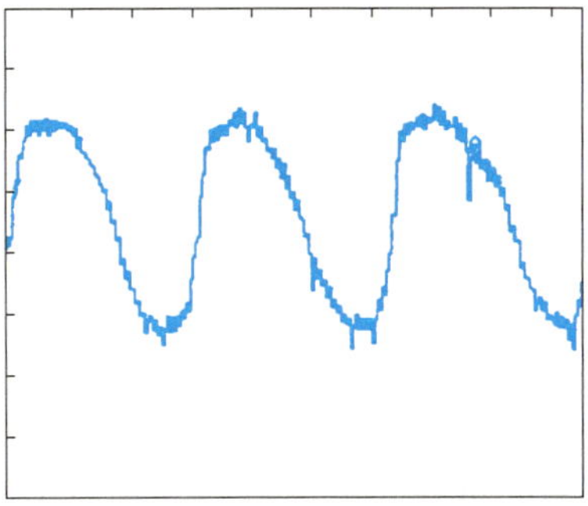

图6-53　正常的氧传感器信号波形

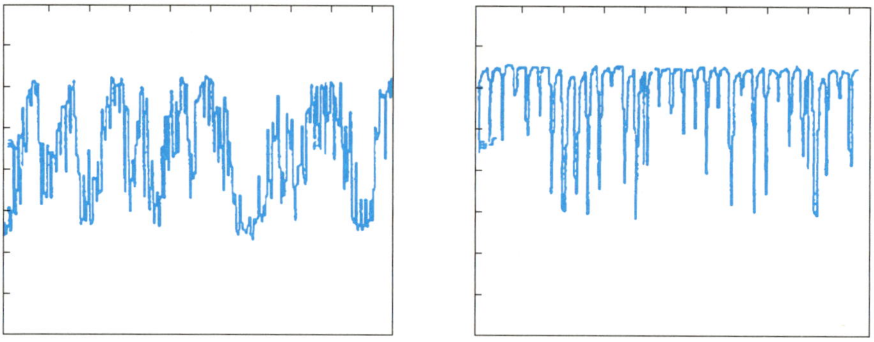

a)　　　　　　　　　　b)

图 6-54　不正常的氧传感器信号波形

a）信号波形不规则　b）信号电压始终过高

器的信号波形能随之变化（图 6-55），则说明氧传感器性能正常。反之，若混合气浓度变化时氧传感器信号的波形没有变化，则说明氧传感器有故障。

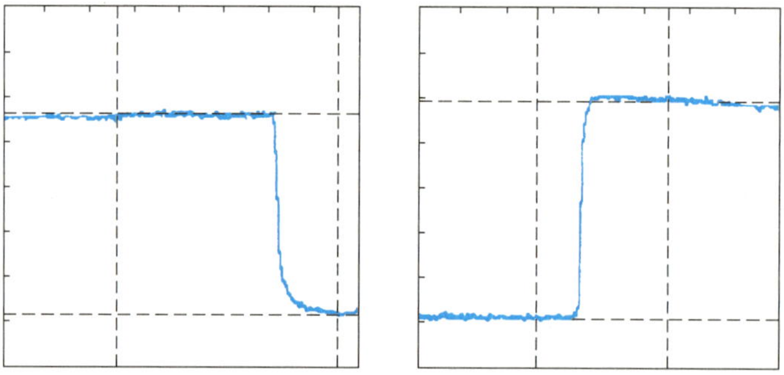

a)　　　　　　　　　　b)

图 6-55　改变混合气浓度时氧传感器信号波形的变化

a）由浓变稀　b）由稀变浓

4. 单元件空燃比传感器的检测

（1）单元件空燃比传感器加热器的检测

1）关闭点火开关，拔下空燃比传感器的线束插头。

2）参照维修手册和电路图的指示，用数字万用表从传感器插头上检测空燃比传感器加热器的电阻，其阻值标准为 1.8～3.4Ω（丰田车型标准），如不相符，应更换传感器。

（2）单元件空燃比传感器控制电路的检测

1）检查加热器电路。加热器电路有两条线，一条电源线，另一条控制线。打开点火开关后，电源线上的电压，应为 12V。在发动机运转中，控制线上的电压应低于 12V；用电流钳测量，该控制线上应有最大可达 6A 的电流；用示波器测量该控制线，应有脉冲电压信号。

2）检查传感器信号电路，可用万用表的电压档测量两根信号线，在发动机正常运转中，一条信号线的电压值应该是 3.0V，另一条信号线的电压值应该是 3.3V。如果电压值不正确，可能是电路开路或短路或者是 ECM 故障。

（3）单元件空燃比传感器功能的检测　单元件空燃比传感器的功能可以用汽车制造厂

家提供的专用解码器检测。通常是通过解码器向发动机 ECU 发出让混合气以一定比例加浓或变稀的指令，同时读取空燃比传感器的信号变化，并据此判定氧传感器是否工作正常。

单元件空燃比传感器的功能也可以用万用表检测，其方法如下：

1）运转发动机使之达到正常工作温度。

2）在传感器线束插头连接良好的状态下，用万用表测量两条信号线间的电压差。在发动机正常运转时两信号线的电压差应为0.3V。

3）人为地改变混合气浓度，此时两信号线的电压差会像传统的氧传感器那样在0～1.0V变化。当混合气变浓时（可向进气管内喷入少许丙烷），两信号线的电压差会减小；反之，当混合气变稀时（如拔下某根真空管使之产生真空泄漏），两信号线的电压差会增加。如果没有这种变化，说明传感器有故障，应更换。

5. 双元件空燃比传感器的检测

（1）双元件空燃比传感器的工作性能可以采用解码器和废气分析仪相配合的方法来检测　其方法如下：

1）将解码器与发动机 ECU 连接。

2）运转发动机至正常工作温度，在读取解码器上显示的空燃比信号参数的同时，用废气分析仪检测发动机的排气。

3）通过人为的手段使混合气变浓或变稀，将解码器显示的空燃比数值与废气分析仪的检测结果相比较，如果两个检测结果不匹配，说明传感器或控制系统有故障，需要进行进一步的检查。

（2）双元件空燃比传感器也可以用万用表和示波器来检测　其方法如下：

1）检测加热器电路。可按照与单元件空燃比传感器相同的方法，检测其加热器电路。

2）分开传感器线束插头。用万用表检查泵元件输出和输入电路之间的修正电阻，其电阻值应该为30～300Ω。

3）把传感器的插头插上，用万用表检查参考搭铁端的电压，其值应该为2.4～2.7V。

4）分别检查泵氧元件和电池元件信号。用一个双通道示波器，将示波器的搭铁线与传感器的参考搭铁端连接，将一个通道连接电池元件的电压差信号线，另一个通道连接泵氧单元的输入泵电流线。电池单元的信号电压应该一直保持在0.45V。输入泵电流线上的电压会以0.5～0.6V的幅度波动，在混合气从最浓变为最稀时，输入泵电流线上的电压变化幅度将大于1.0V。如检测结果与上述不符，说明传感器或其控制电路有故障，应更换传感器或检修控制电路。

【知识检测】

一、选择题

1. 对气体传感器的基本性能要求是：（　　）。

A. 选择性，能按要求检测出气体的浓度，不受其他气体或物质的干扰

B. 重复性，可以重复多次使用，有较长的使用寿命和稳定性

C. 实时性，即动态特性要好等

2. 关于氧传感器说法正确的是（　　）。

A. 用的氧化锆材料 B. 混合气浓，输出电压低 C. 混合气浓，输出电压高

3. 关于氧传感器检测的说法正确的是（ ）。

A. 加热电阻值应为4 ~40Ω。

B. 正常氧传感器的反馈电压将在0.45V附近不断变化。

C. 正常情况下10s内反馈电压的变化次数应不大于8次。

二、填空题

1. 人为地改变混合气浓度，此时单元件空燃比传感器两信号线的电压差会像传统的氧传感器那样在__________ V变化。当混合气变浓时（可向进气管内喷入少许丙烷），两信号线的电压差会__________；反之，当混合气变稀时（如拔下某根真空管使之产生真空泄漏），两信号线的电压差会__________。

2. 按气体传感器检测原理，通常分为__________，__________，__________，__________，__________，__________等。

参考文献

［1］ 王科，李霖，韩维建. 智能汽车关键技术与设计方法［M］. 北京：机械工业出版社，2018.

［2］ 李力，王飞跃. 智能汽车：先进传感与控制［M］. 北京：机械工业出版社，2016.

［3］ 于立萍，辛晓. 基于单目视觉的智能汽车行人检测技术研究［M］. 北京：人民邮电出版社，2018.

［4］ 杨世春，曹耀光，陶吉，等. 自动驾驶汽车决策与控制［M］. 北京：清华大学出版社，2020.

［5］ 甄先通，黄坚，王亮，等. 自动驾驶汽车环境感知［M］. 北京：清华大学出版社，2020.

［6］ 刘少山，李力耘，吴双，等. 无人驾驶：人工智能如何颠覆汽车［M］. 史津竹，安靖雅，等译. 北京：机械工业出版社，2018.